TRICK 17

HEIM-WERKEN

222 Lifehacks rund ums Bauen, Renovieren und Sanieren

Inhalt

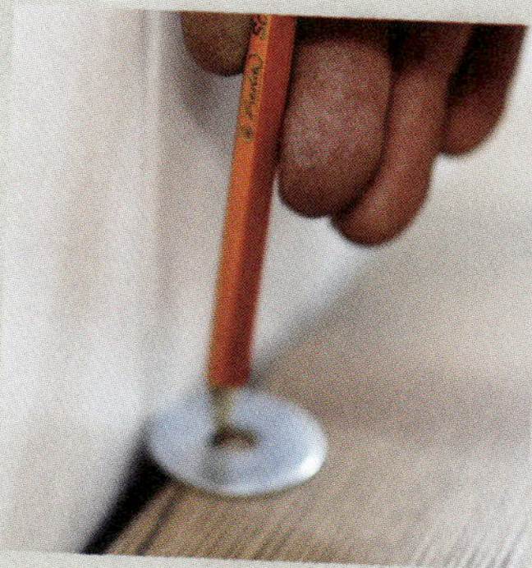

Vorwort

Seit vielen Jahren werkele ich herum – und trotzdem lerne ich bei nahezu jedem Projekt etwas Neues hinzu. Irgendwie kann man jedes Mal doch noch etwas besser, einfacher oder geschickter machen. Und egal, ob Renovierungsarbeiten, Reparaturen rund ums Haus oder einfach nur selbst gebaute Deko – Selbermachen macht einfach Spaß! Dabei geht es nicht nur ums Geldsparen, sondern es ist ein wirklich schönes Gefühl, wenn man sein eigenes Projekt, seine selbst gezimmerte Gartenbank oder

seine selbst tapezierte Wand stolz und zufrieden betrachten kann. Hier zählt die Individualität – deine Individualität! Damit jedes deiner Projekte gelingt, habe ich dir hier viele hilfreiche Tipps und Tricks zusammengestellt. Von einfachen Hacks, wie sich bestimmte Arbeiten schneller und unkomplizierter erledigen lassen, bis hin zu Profi-Hacks für den fortgeschrittenen Heimwerker ist alles dabei. Kurz gesagt: Hier geht es darum, mit einfachsten Mitteln die Arbeiten schneller oder einfacher zu erledigen. Ich hoffe, dir hilft dieses Buch dabei, deine persönlichen Projekte noch erfolgreicher zu gestalten!

Mehr zum Thema Lifehacks findest du auf www.trick17-dasbuch.de!

Hämmern, Bohren & Schrauben

Halte kleine Nägel an schwierigen Stellen mit einer Spitzzange fest, um deine Finger zu schonen.

1

Mal schnell ein Bild aufhängen, den Schrank reparieren oder in der Werkstatt ein Projekt fertigstellen – Hämmern, Bohren und Schrauben gehören zum Heimwerken einfach dazu. Vor allem bei ungeübten Heimwerkern kann sich hier aber schnell Frust einstellen, denn schon ein sauberes Loch zu bohren, ist manchmal schwieriger als gedacht. Davon musst du dich aber nicht entmutigen lassen. Hier erfährst du, wie es richtig oder einfach leichter von der Hand geht.

2
COOL DOWN

Wenn du in Stahl oder Eisen bohrst, solltest du deinen Bohrer vorher mit Sprühöl kühlen. So bleibt er länger scharf.

Generell gilt: Bei kleinen Bohrern eine höhere Drehzahl, bei größeren Bohrern eine kleinere Drehzahl verwenden.

Wenn möglich, bohrst du in die Fugen der Fliesen. Die Bohrlöcher lassen sich später besser verschließen, als wenn du direkt in die Fliese bohrst.

3

FIESE FLIESEN

Löcher in Fliesen zu bohren, ist eine knifflige Angelegenheit, denn der Bohrer kann auf der glatten Oberfläche schnell verrutschen. Um das zu vermeiden, beklebe die entsprechende Stelle mit Klebeband, markiere den Punkt, an dem du dein Loch setzen möchtest und bohre dann langsam ohne Schlag, bis die Glasierung, die harte Schichte der Fliese, durchbohrt ist. Dann auf Schlagbohren umschalten.

4 HEISSER RETTER

Wenn ein Bohrloch in der Wand ausgerissen ist, z. B. weil man die Fuge getroffen hat, ist Heißkleber die Rettung. Sauge das Loch zunächst mit dem Staubsauger aus und befülle es dann zu etwa zwei Drittel mit Heißkleber. Solange der Kleber noch weich ist einen Dübel gerade hineinstecken und nach Erkalten des Klebers die Schraube eindrehen. Fast wie neu!

Keinen Heißkleber zur Hand? Dann schlage einfach ein kleines Stück Holz (ggf. links und rechts) neben den lockeren Dübel. Oft reichen zwei bis drei Streichhölzer.

Bohrtiefe markieren I

5

Die Tiefe des Bohrers kannst du markieren, indem du ein Stück Klebeband um den Bohrer klebst. Das ist zum Beispiel dann sinnvoll, wenn du Holzdübel für den Möbelbau setzen oder für eine Schraube vorbohren willst, die später nicht auf der anderen Seite herausschauen soll. Also grundsätzlich immer dann, wenn du nicht aus Versehen durchbohren willst …

Eine clevere Alternative findest du auf der nächsten Seite.

Die Markierung verhindert, dass du zu tief in eine Wand bohrst, der Dübel zu tief steckt und von der Schraube nicht erfasst werden kann.

6 Bohrtiefe markieren II

Beim Bohren von Wandlöchern solltest du die Tiefe besser mit einem wasserfesten Stift markieren. Mit einer Klebebandfahne (siehe Seite 13) verwischst du sonst den Bohrstaub an der Wand.

Scheiben-Reigen 7

Beim Bohren von Löchern mit der Lochsäge weiß man oft nicht, was man mit den ausgesägten Scheiben anfangen soll. Wirf diese jedoch nicht weg, denn sie eignen sich hervorragend zum Basteln oder um Schleifrollen herzustellen.

Auf Seite 182 erfährst du, wie du aus mehreren Scheiben eine Schleifwalze bauen kannst.

8 Platz da!

Sägst du mit der Lochsäge Scheiben aus einem Brett, sollte am Rand des Lochbohrers immer etwas Platz für das Sägemehl vorhanden sein, damit die Späne wegfliegen können. Einfach direkt am Rand des Brettes sägen, sodass das Sägeblatt leicht übersteht. Dadurch wird die Lochsäge nicht so heiß und das Sägen verläuft deutlich schneller.

Anstatt am Rand des Holzbrettes zu sägen, kannst du auch ein Zusatzloch am Rand des Kreises bohren.

BAUSTAUB-ALARM I 9

Jeder kennt das Problem: Beim Bohren rieselt feiner Staub auf den Boden und man muss im Anschluss erstmal sauber machen. Um das zu vermeiden, greife zum Staubsauger und platziere das Staubsaugerrohr unter der Bohrstelle. Am besten lässt du dir dabei assistieren, um beide Hände zum Bohren frei zu haben.

10 Baustaubalarm II

Ist gerade kein Staubsauger da oder niemand, der dir das Staubsaugerrohr hält, kannst du auch eine kleine Pappschachtel mit Malerkrepp unter die Bohrstelle kleben. So fällt der Bohrstaub einfach in die Schachtel.

Als Pappschachtel eignet sich hervorragend der Boden einer alten Lebensmittelverpackung.

11 Baustaubalarm III

Wenn du Löcher in die Decke bohren willst und auch hier keinen Staubsauger zur Hand hast, kannst du einen Papp- oder Plastikbecher von unten durchbohren und ihn auf den Bohrer stecken. So lässt sich der Bohrer mit der einen Hand halten und mit der anderen führen.

Ist der Bohrer zu kurz, schneide den Becher mit einem Messer zurecht. Oder du greifst zu einem halbierten Tennisball.

12 STARKER DRAHT

Hier gibt es eine tolle Idee, wie du deinen Bohrmaschinentisch ganz einfach ausrichten kannst.

1 Jeweils das Ende eines dünnen Rundstahls um 45 Grad biegen.

2 Nun ein Ende in das Bohrfutter einspannen. Bohrmaschine so weit absenken, bis das andere Ende den Tisch berührt.

3 Jetzt das Bohrfutter um 180 Grad drehen. Wenn der Rundstahl auch auf der gegenüberliegenden Seite den Bohrtisch gerade noch berührt, hast du einen exakten 90 Grad Winkel zwischen Bohrer und Tisch.

13 Von Nägeln und Brettern

Um zu verhindern, dass sich das Holz beim Einschlagen eines Nagels spaltet, solltest du vorher mit dem Hammer leicht auf die Nagelspitze schlagen. So wird die Spitze stumpf, und das Holz spaltet sich nicht mehr.

Willst du zwei Bretter sicher miteinander verbinden, solltest du den abgestumpften Nagel zusätzlich etwas schräg einschlagen. Das ist vor allem beim Nageln in Stirnholz wichtig.

Vorbohren ohne Bohrer 14

Um Löcher für Nägel vorzubohren, kannst du auch zum Akkuschrauber greifen. Einfach einen Nagel nehmen, Kopf abknipsen und mit der Spitze in den Akkuschrauber spannen. Dann mit der abgeknipsten Seite das Loch bohren.

Das Vorbohren hat den Vorteil, dass sich beim Nageln mehrerer Nägel in einer Reihe die Holzfasern nicht aufspalten können und das Brett nicht reißen kann.

15 Bohrhilfe

Um gerade zu bohren, einfach zwei Holzblöcke rechtwinklig zusammenleimen und die Ecke als Führung benutzen. So lässt sich der Bohrer optimal führen.

Anstatt die Holzblöcke zu verleimen, kannst du sie auch mit Heißkleber aneinander befestigen.

Unten: Brett mit kleinem Loch; oben: Schablone mit gewünschter Lochgröße.

16

BOHREN MIT FORSTNERBOHRER

Wenn die Zentrierspitze kein Futter zum Führen hat – z. B. bei einem kleinen Loch, das du vergrößern willst – einfach mit einem Forstnerbohrer eine Schablone mit der gewünschten Lochgroße vorbohren und dieses Loch als Führung benutzen.

Unsichtbare Schrauben 17

Du hast gerade ein tolles Werkstück fertig gestellt, aber dich stören die sichtbaren Schrauben? Dann erfährst du jetzt, wie du diese verstecken kannst.

1 Du brauchst nur eine Säge und einen Dübel – und ggf. etwas Leim.

2 Verschraube dein Werkstück wie gewohnt. Das Loch für die Schraube muss nur etwas tiefer gebohrt werden und zwar mit einem Bohrer, der dem Durchmesser des Schraubenkopfes entspricht.

3 Stecke nun einen Dübel passend zum Holz in das Schraubenloch. Sitzt der Dübel nicht fest genug, gib zuvor etwas Leim in das Loch.

4 Wenn der Leim abgebunden hat, den Dübel bündig mit einer feinen Säge absägen. Im Anschluss evtl. überschleifen.

18 Perfekt verschraubt

Mit diesem Hack kannst du sichergehen, dass deine Werkstücke beim finalen Zusammenbauen perfekt aufeinanderpassen.

1

Baue die Werkstücke „trocken“ zusammen, und zwar so, wie sie später sitzen sollen. Nimm ggf. eine Schraubzwinge zu Hilfe. Anschließend bohrst du mit einem kleinen Bohrer Löcher durch beide Werkstücke.

2

Baue die Werkstücke wieder auseinander und bohre die Durchgangslöcher mit dem passenden Bohrer in das entsprechende Werkstück auf die gewünschte Größe.

3

Jetzt kannst du das Werkstück mit Leim versehen und mit dem anderen Werkstück zusammenschrauben. Passt perfekt!

19

TASCHEN-BOHRUNGEN

Wenn du ein Regal bauen willst und nach einer schnellen und verdeckten Art der Schraubverbindung suchst, bist du hier genau richtig. Taschenbohrungen sind die perfekte Lösung für eine unsichtbare Verschraubung von schwierigen Eckverbindungen.

1

Du benötigst eine Bohrlehre, einen passenden Stufenbohrer sowie einen langen Bit. Diese Sets gibt es schon für kleines Geld im Baumarkt.

Wie du selbst eine Bohrlehre bauen kannst, erfährst du auf der nächsten

Stelle die Bohrlehre nach Herstellerangaben und gemäß deines Werkstücks und der Schrauben ein. Fixiere sie mit einer Schraubzwinge. Mit dem Stufenbohrer bohrst du die Löcher.

2

3

Die zu verbindenden Werkstücke werden aneinander gelegt, mit Leim versehen, fixiert (ggf. mit einer Schraubzwinge) und verschraubt. In den schräg eingebrachten Bohrlöchern verschwinden die Schrauben nun auf Nimmerwiedersehen.

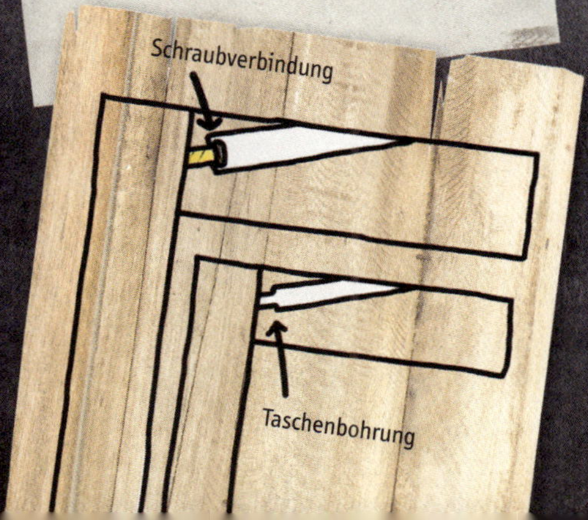

Taschenbohrungen werden auch Pocket Holes genannt und sind vor allem in den USA sehr beliebt.

20 Bohrlehre selbst gemacht

Aus einem Holzklotz (ca. 5 cm breit und 3 cm tief), zwei Metallröhrchen (Aluminium oder Messing) und einer kleinen Plexiglasscheibe (gleiche Breite wie der Holzklotz und ca. 8 cm tief) lässt sich im Handumdrehen eine einfache Bohrlehre für Holzdübel bauen – in unserem Fall für 8-mm-Dübel. Das Innenmaß der Röhrchen muss dem Außendurchmesser der Holzdübel entsprechen.

Bohre in den Holzklotz in einem Abstand von etwa 2 cm zwei Löcher, die dem Außendurchmesser der Metallröhrchen entsprechen (hier: 10 mm). Mit 2-Komponentenkleber drückst du die beiden Röhrchen in die Bohrungen hinein. Das geht mit einem Schraubstock oder notfalls mit einem Gummihammer.

1

2
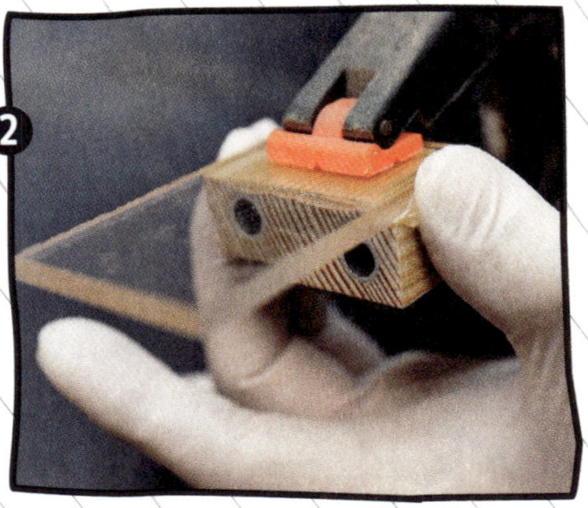

Die Plexiglasscheibe mit Epoxidkleber aufbringen. Beachte dabei, dass die Kanten an drei Seiten bündig sein müssen.

3

Markierungslinien (jeweils die Mitte eines Röhrchens) mit einem Anschlagwinkel einzeichnen und für die spätere Markierung je ein Loch auf etwa der Hälfte einer Linie bohren (3 mm).

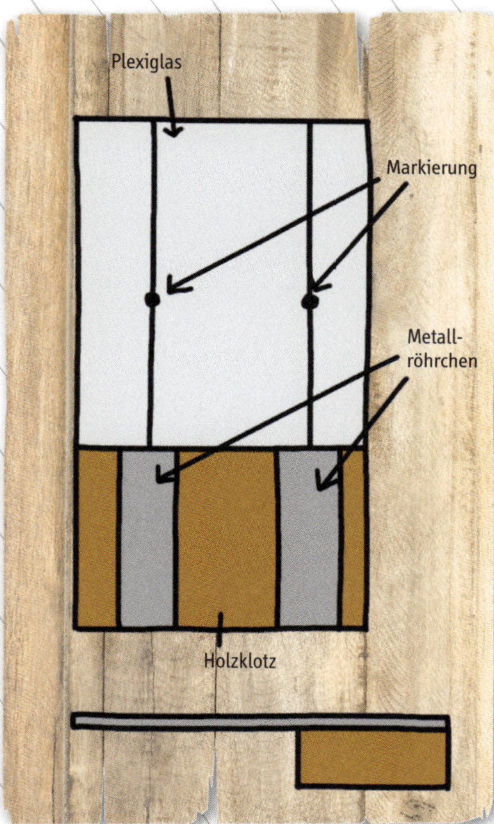

Anwendung: An einem der Werkstücke die Bohrlehre dort ansetzen, wo die Dübel sitzen sollen. Über die beiden Markierungslöcher mit einem Stift zwei Markierungspunkte setzen und Löcher bohren (siehe Skizze). Anschlagwinkel an die Markierungspunkte setzen und Linie bis zur Kante ziehen. Das andere Werkstück so ansetzen, wie es später sitzen soll. Mithilfe der Linien die Markierungen auf das andere Werkstück übertragen und mit dem Anschlagwinkel die Linien durchziehen. Bohrlehre auf die Linien ansetzen und Bohrlöcher bohren. Dübel mit Leim einschlagen, beide Werkstücke verbinden und mit Schraubzwinge fixieren – fertig!

21 GIB GUMMI!

Ist ein Schraubenantrieb ausgedreht, hilft oft ein breites Gummiband, das man zwischen Schraube und Schraubendreher legt. So fasst der Schraubendreher wieder und die Schraube kann vorsichtig rein- oder rausgedreht werden.

Bereitet dir eine ausgedrehte Kreuzschlitzschraube Kummer, kannst du auch zu einem Schlitzschraubendreher mit der gleichen Breite wie der Kreuzantrieb greifen. Nun vorsichtig und langsam mit viel Druck drehen.

So kannst du das Werkstück an der Leiste entlangschieben und bohrst immer auf der gewünschten Linie.

22 Auf ganzer Linie

Bei Serienbohrungen hilft ein provisorischer Anschlag. Dafür einfach eine gerade Leiste mithilfe des Werkstückes auf der zu bohrenden Linie ausrichten und mit Schraubzwingen am Bohrtisch fixieren.

23

Schraublöcher senken

Löcher für Schrauben solltest du immer senken, damit der Schraubenkopf beim Einschrauben bündig im Werkstück sitzt und nicht die Holzfasern aufstellt.

Hast du keinen Senker zur Hand, kannst du die Schraublöcher auch mit einem großen Bohrer senken. Die Bohrergröße ist dabei abhängig vom Schraubenkopf und liegt meistens zwischen 8 mm und 10 mm.

NÄGEL EINSCHLAGEN 24

Um dir beim Hämmern nicht auf die Finger zu hauen, kannst du den Nagel durch einen Pappstreifen stecken und ihn so sicher halten. Alternativ eignet sich auch eine Wäscheklammer als Hilfsmittel.

Eine weitere sichere Art, einen Nagel zu halten, gibt es auf Seite 6.

Kein Kreidestück zur Hand? Dann greif doch einfach zur Schlagschnur.

25

Rutschfest

Wenn du beim Schrauben immer wieder abrutschst, kannst du den Schraubenkopf mit etwas Kreide versehen. So rutschen die Bits nicht mehr so schnell ab.

26

BOHREN OHNE AUSRISSE

Wenn du beim Bohren mit dem Forstnerbohrer von beiden Seiten ausrissfrei bohren möchtest, solltest du wie folgt vorgehen: Mit einem 3 mm Bohrer vorbohren, die Zentrierspitze sorgt für einen korrekten Lauf. Wenn du die Hälfte durchbohrt hast, bohrst du von der anderen Seite und orientierst dich einfach an der Zentrierbohrung.

27

Von wegen: Brett vorm Kopf

Um beim Bohren in eine verputzte Wand den Putz nicht unnötig ausreißen zu lassen, hilft ein dünnes Brett, durch das du in die Wand bohrst. Dadurch wird der Putz nicht ausgefranst.

Am besten eignet sich ein Stück Restholz, das du nicht mehr benötigst.

Je nach Bedarf kannst du eine Schablone für eine 2-fach-, 3-fach- oder 4-fach-Kombi anlegen.

28

STECKDOSEN-SCHABLONE

Um Löcher für Steckdosen zu bohren, macht es Sinn, eine Schablone anzufertigen. Dafür aus dünnem Sperrholz die entsprechende Position der Steckdosen aussägen und später mit Klebeband an der Wand befestigen.

29

Steinhart

Stahlnägel in Steinwände zu schlagen, ist immer problematisch. Die Lösung: Greife zu einem möglichst schweren Hammer! Je schwerer der Hammer, desto leichter lassen sich die Nägel einschlagen.

Besser einen harten Schlag als viele leichte Schläge.

VORARBEIT 30

Schrauben solltest du nicht direkt ins Holz schrauben, da das Holz sonst spalten kann. Dies gilt vor allem für Hartholz. Besser: Löcher für Schrauben mit dem Bohrer vorbohren.

Um den richtigen Bohrer zum Vorbohren auszuwählen, miss einfach mit dem Messschieber den Durchmesser zwischen den Schneiden der Schraube.

Aha!

Bohrer gibt es in den unterschiedlichsten Ausführungen. Grundsätzlich unterscheidet man zwischen Metallbohrer, Holzbohrer und Steinbohrer. Metallbohrer werden für Eisen, Stahl und Metalle (z. B. Messing) eingesetzt. Du kannst sie aber auch für Holz nehmen. Holzbohrer haben vorne eine Zentrierspitze, die dafür sorgt, dass der Bohrer durch die Holzfasern nicht abgelenkt wird und verlaufen kann. Die Schneiden an den Seiten sind länger und sorgen für saubere Lochinnenseiten. Sie sind nur für Holz geeignet! Steinbohrer haben ein Hartmetallplättchen an der Spitze, sodass der Stein nicht aufgebohrt, sondern zertrümmert wird.

Leimen & Kleben

(31)

Angebrochener Sekundenkleber hält im Kühlschrank länger.

Es gibt für nahezu jedes Problem den richtigen Kleber. Der Trend geht eindeutig zu „Kleben statt Schrauben", vor allem was Arbeiten an gefliesten Wänden im Badezimmer angeht. Aber auch beim Aufhängen von Postern oder leichten Bildern ist es nicht immer erforderlich, Nägel oder Schrauben zu verwenden. Hier gibt es Klebepads, die eine erstaunliche Haltekraft aufweisen. Ein wichtiger Problemlöser im Haushalt ist die Heißklebepistole. Mit dem Heißkleber kannst du Schablonen anbringen, Werkstücke fixieren oder einfach nur ein störendes Kabel in der Ecke festkleben. Es gibt (fast) nichts, was der Heißkleber nicht kann!

32 Statt Zwingen

Wenn du gerade mal keine Schraubzwingen parat hast oder keine, die lang genug für deine Werkstücke sind, kannst du zum Heißkleber greifen.

1

Trage zunächst den Holzleim auf, lasse aber etwa alle 5 cm eine Stelle frei.

2

Auf diese freien Stellen gibst du nun ausreichend Heißkleber. Werkstücke kräftig zusammendrücken und warten. Nach kurzer Zeit hält der Heißkleber die Werkstücke fest zusammen und der Leim kann in Ruhe abbinden.

Anstelle von Heißkleber kannst du die Werkstücke auch mit Paketklebeband aneinander befestigen.

Alternativ kannst du auch Klebeband nehmen. Malerkrepp ist nicht so gut geeignet.

33 Schraubendicht

Eine angebrochene Silikonkartusche kannst du vorübergehend mit einer ausreichend dicken Schraube verschließen. Dadurch trocknet das Material in der Spitze nicht aus und du kannst später gleich weiter arbeiten.

34

HEISSKLEBEN OHNE PISTOLE

Wenn du an Stellen arbeitest, wo du keinen Strom für deine Heißklebepistole hast (z. B. im Auto), kannst du einfach einen Heißklebestift mit einem Feuerzeug erwärmen. Ruckzuck wird der Kleber flüssig und lässt sich verarbeiten.

Die Heißklebepistole ist zwar ein Alleskönner, aber ohne Strom muss man sich etwas einfallen lassen.

35

Heißklebestellen schneller abkühlen

Wenn es einmal schnell gehen soll, kannst du einige Sprühstöße Kältespray auf eine mit Heißkleber verklebte Stelle auftragen. So trocknet der Kleber schneller und du musst die Werkstücke nicht ganz so lange zusammenpressen.

Kältespray kühlt die angesprühte Stelle auf bis zu minus 42 Grad ab. Gehe also vorsichtig mit Kältespray um, fasse das abgekühlte Werkstück nicht sofort an, oder noch besser: Trage Handschuhe!

36

AUS 1 MACH 2

Lange Heißklebestifte lassen sich wunderbar teilen, wenn du sie mit Kältespray einsprühst und sie an der gewünschten Stelle knickst. So passen sie in jede Werkzeugkiste.

37 Heißklebeverbindungen leichter lösen

Reste vom Heißkleber lassen sich wesentlich leichter entfernen, wenn sie mit Kältespray besprüht werden.

Handelt es sich um ein kleines Werkstück, kannst du es auch für ein paar Stunden in die Gefriertruhe legen.

Schablonen fixieren 38

Um Schablonen vor dem Verrutschen zu sichern, kannst du ein paar Heißklebepunkte auftragen und die Schablone so fixieren. Später lässt sie sich einfach wieder ablösen, z. B. mit Kältespray (siehe links).

Trage nur sehr wenige und kleine Punkte auf die Schablone auf, damit es beim Ablösen keine Schwierigkeiten gibt.

39

SCHUBLADEN-SCHULUNG

Um beim Möbelbau Schubladenfronten zu montieren, kann man sie im ersten Schritt mit Heißkleber an die Schublade setzen. Bis der Kleber erkaltet ist, bleibt noch genug Zeit, um die Front verschieben und ausrichten zu können. Im zweiten Schritt wird die Schublade dann von innen verschraubt oder der Griff befestigt.

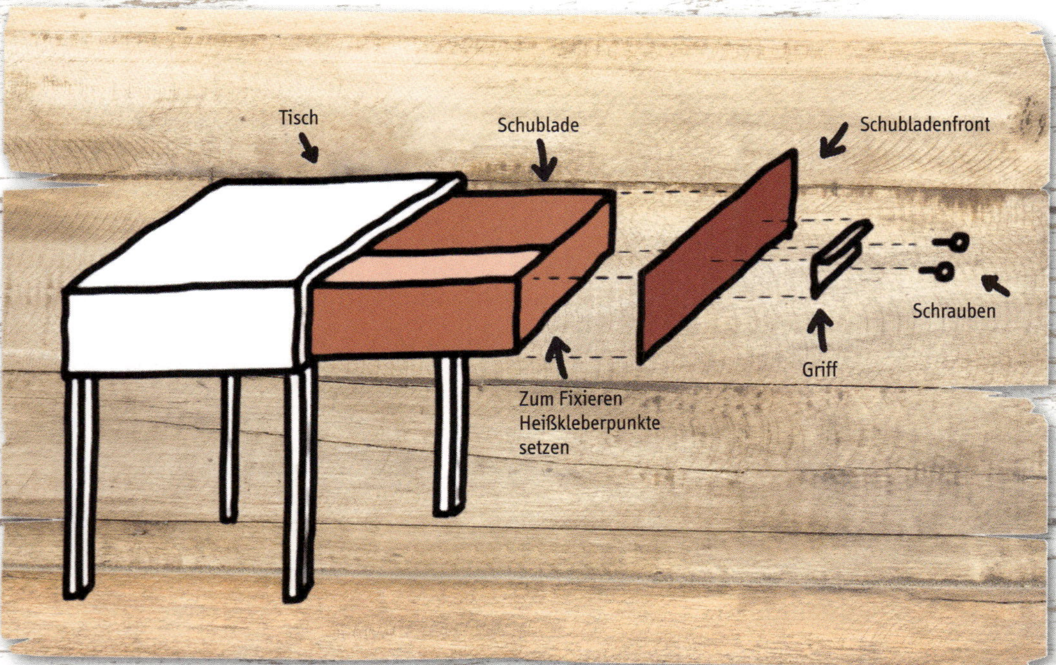

Werkstücke fixieren 40

Um beim Arbeiten mit der Oberfräse nicht durch Zwingen behindert zu werden, kannst du das Werkstück mit einigen Punkten Heißkleber auf der Arbeitsfläche fixieren.

Damit das Werkstück glatt aufliegt, presse es kräftig auf die Arbeitsfläche, sodass der Heißkleber richtig verläuft und keine „Hubbel" bildet.

41

Leimüberschuss entfernen I

Leimüberschuss kannst du wunderbar mit Sägemehl oder Sägespänen abreiben. So bleiben keine unschönen Leimspuren stehen – und kleine Risse werden gleich aufgefüllt.

LEIMÜBERSCHUSS ENTFERNEN II 42

Keine Sägespäne parat? Dann solltest du trotzdem nicht zögern und austretenden Leim gleich mit einem feuchten Lappen entfernen. So ersparst du dir das aufwendige Schleifen nach dem Trocknen.

43 Box verleimen

Eine Box aus vier gleichen Werkstücken mit 45-Grad-Gehrung zu verleimen ist manchmal gar nicht so einfach. Damit dich die Werkstücke nicht mehr zur Weißglut bringen, greifst du zum Klebeband!

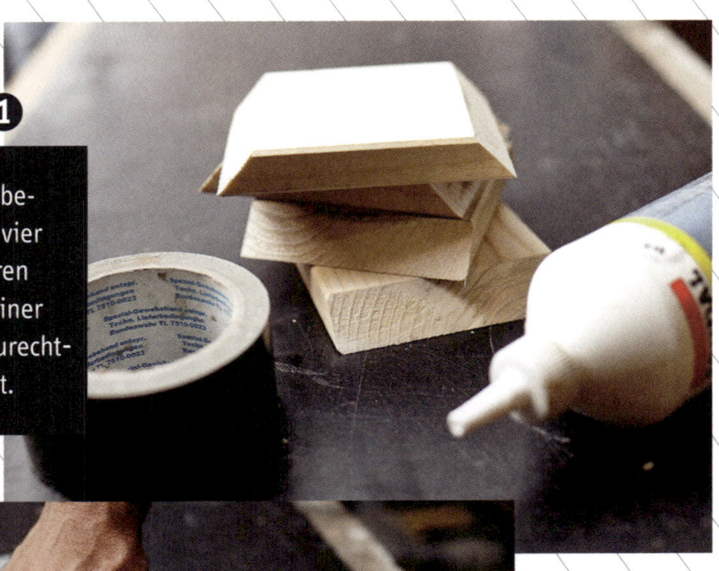

1

Du brauchst Klebeband, Leim und vier Werkstücke, deren Kanten du mit einer 45-Grad-Fase zurechtgeschnitten hast.

2

Setze die Werkstücke auf ein ausreichend langes Klebeband. Die Klebeseite zeigt dabei nach oben.

3

Trage nun den Leim auf die Zwischenräume auf und verteile ihn gleichmäßig.

4

Nun brauchst du die Box nur noch zusammenzusetzen, indem du die vier Werkstücke zusammenklappst.

Besonders gleichmäßig lässt sich Leim mit einem Pinsel verteilen.

44 ZU VIEL LEIM …

… ist auch keine Lösung. Besser etwas weniger Leim nehmen, dafür aber gleichmäßig auf beiden Leimflächen verteilen. Nur bei Stirnholz darfst du großzügiger sein, da Stirnholz sehr viel Leim aufsaugt.

Heißklebeschutz 45

Um Werkstücke vor Heißklebeflecken zu schützen (z. B. wenn du wie auf Seite 57 eine Schablone auf dem Werkstück befestigen möchtest), bringe vorher einfach etwas Malerkrepp an. Auf den Streifen setzt du dann die Heißklebepunkte.

Für einen optimalen Schutz klebst du mehrere Kreppstreifen übereinander.

46 Lange Leisten

Wenn man wie im Bootsbau oder für Dekorationszwecke extrem lange Leisten braucht, die nicht besonders stark belastet werden, bietet sich eine Schäftung an. Dabei werden die zu verbindenden Leisten gleichseitig angeschrägt und an diesen Flächen verleimt. Als Faustregel gilt: Die Länge der Schäftung ist gleich der Stärke der Leiste mal 10. Bei einer 2 cm starken Leiste muss die Schäftung also 20 cm lang sein.

1

Schräge die Leisten zunächst ab. Das geht am besten mit einer Tischkreissäge. Du kannst aber auch eine Handkreissäge oder Stichsäge verwenden, wenn die Schnittfläche mit einem Hobel nachbearbeitet wird.

2 Streiche die Leimflächen (siehe Skizze) gleichmäßig mit Leim ein und setze die Werkstücke zusammen.

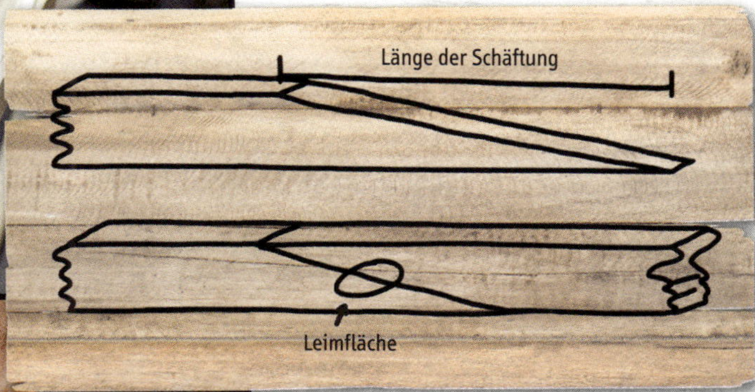

3 Fixiere die Werkstücke mit langen Zulagen und Schraubzwingen. Die Zulagen sorgen für eine gleichmäßige Druckverteilung.

4 Wenn der Leim abgebunden ist, hast du eine lange Leiste mit einer stabilen Verbindung.

47 LEIMPLATTEN HERSTELLEN

Hier erfährst du, wie du bei zusammengeleimten Hölzern oder Platten einen Versatz vermeiden kannst. Das ist vor allem dann interessant, wenn du keine Flachdübelfräse hast.

Die Andruckhölzer klebst du am besten oben mit Paketklebeband ab, um Verunreinigungen und ein Verkleben mit den Werkstücken zu vermeiden.

1 Verleime die Werkstücke und lege sie zwischen die Andruckhölzer.

2 Anschließend die Andruckhölzer mit Schraubzwingen fixieren, damit sich die Werkstücke nicht mehr nach oben oder unten bewegen können.

3 Weitere Schraubzwingen an den Außenkanten anbringen – am besten mit einer Zulage, um Druckstellen zu vermeiden (siehe Seite 75). Nun die Hölzer bzw. Platten fest zusammenpressen. Passt wie angegossen!

1

Die Fugen oben und unten im gleichen Abstand mit einem durchgehenden Klebebandstreifen abkleben.

48 Akkurate Silikonfugen

Jeder kennt das Problem: Bauen und Werkeln macht Spaß, bis man zum unliebsamen Verfugen kommt. Arbeitet man hier nicht akkurat, sieht das Ganze gleich wie dahingepfuscht aus. Die Lösung: Silikon!

2

Das Silikon mit einer Silikonspritze auftragen und mit dem Finger glattstreichen. Wie deine Finger dabei sauber bleiben, erfährst du auf der nächsten Seite.

3

Sobald das Silikon eine Haut gebildet hat, kannst du das Klebeband vorsichtig abziehen.

49 Saubere Finger

Damit Silikon nicht an den Händen oder Handschuhen haftet, tunke deine Finger vorher in Seifenwasser.

Ein Schuss Spüli genügt.

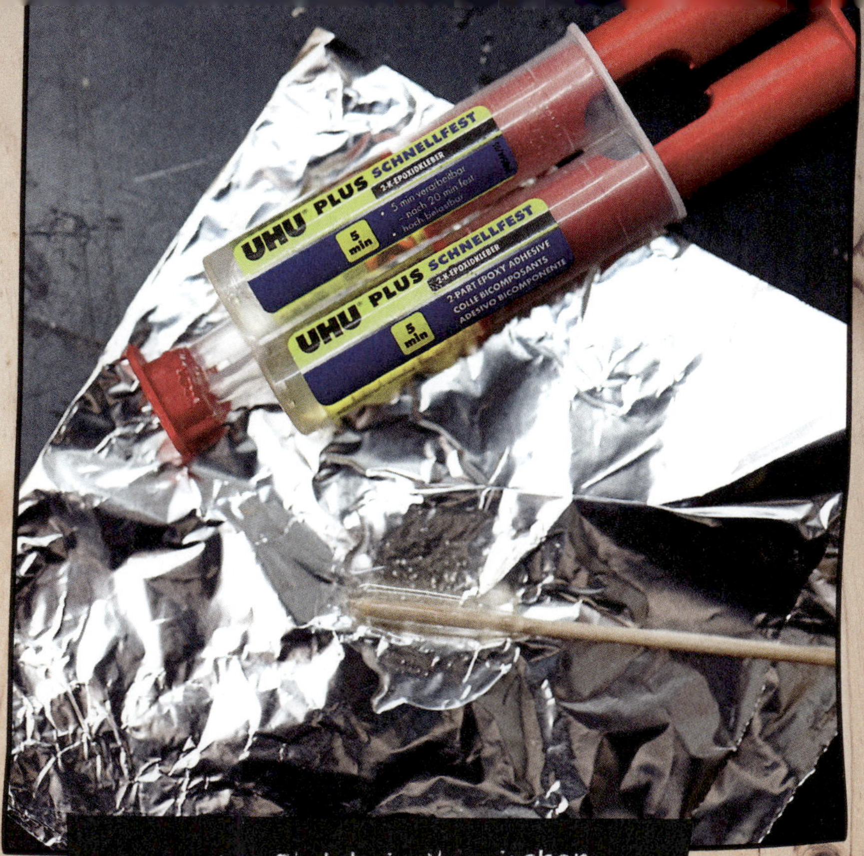

Drehe den Stab beim Vermischen zwischen den Fingern, denn so werden die beiden Komponenten noch besser miteinander vermischt.

50 2-KOMPONENTEN-KLEBER MISCHEN

Die beiden Komponenten vermischst du am besten mit einem Schaschlikstab. So kann der fertige Kleber besser entfernt werden als von einem Spatel.

51 Sekundenkleber entfernen

Sekundenkleber lässt sich mit handelsüblichem Nagellackentferner super von der Haut lösen. Wichtig ist nur, dass er Aceton enthält.

Noch besser: Arbeite mit Einweghandschuhen. Sekundenkleber ist transparent und Klebereste übersieht man schnell, bis der Finger an der Hose klebt …

52

Zulage beim Verleimen fixieren

Bei Leimarbeiten solltest du immer Zulagen einsetzen, damit durch die Schraubzwingen keine unschönen Druckstellen entstehen.

Um ein Verrutschen beim Zusammenschrauben zu vermeiden, kann die Zulage mit Klebeband oder Heißkleber am Werkstück fixiert werden.

53 EPOXIDHARZ OHNE LUFTBLÄSCHEN

Gießt man Epoxidharz, entstehen meist kleine Luftbläschen, die nachher eine unschöne Oberfläche verursachen. Mit einem Heißluftföhn oder einer Lötlampe lassen sich die Bläschen schnell zum Platzen bringen: Einfach die Bläschen ganz kurz erhitzen.

Bei Epoxidharz ist immer auf ein genaues Mischungsverhältnis nach Herstellerangaben zu achten, da sonst die Oberfläche klebrig bleiben kann.

Keine PUnik 54

Wenn einkomponentiger Polyurethanleim (kurz: PU-Leim) an einer Klebestelle austritt, lasse dich nicht stressen. Der Leim kann einfach durchtrocknen. Sobald er fest ist, kannst du ihn ganz leicht mit einem scharfen Messer oder Stechbeitel entfernen.

Da PU-Leime im flüssigen Zustand gesundheitsschädlich sind, solltest du beim Aufbringen Handschuhe tragen.

Säge die Einzelteile für zwei oder vier Leimhelfer zurecht und verleime oder verschraube die Teile gemäß der Skizze. Achte darauf, dass alles rechtwinklig ist, damit später auch die Werkstücke rechtwinklig zueinander stehen.

55 LEIMHELFER

Um Plattenmaterial zu verschrauben oder zu verleimen, kannst du dir ruckzuck Leimhelfer aus Restholz bauen.

Anwendung: Lege die Werkstücke in einen Leimhelfer. Damit längere Werkstücke gerade stehen, kannst du das andere Ende jeweils auf einen weiteren Leimhelfer stellen. Richte die Platten aus, sodass sie bündig anliegen, und fixiere sie mit Keilen (siehe Skizze).

2

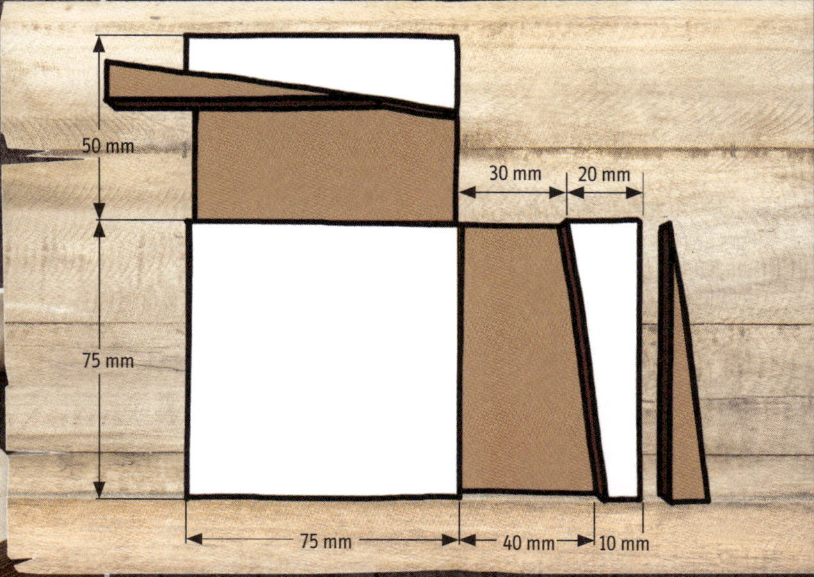

3

Es macht Sinn, auch an der oberen Kante einen Leimhelfer zu setzen. So hast du eine sichere Fixierung und kannst nach Lust und Laune vorbohren, schrauben oder mit dem Drucklufttacker arbeiten.

56 Eine Prise Salz

Damit deine Werkstücke beim Leimen nicht mehr verrutschen, kannst du mit Salz für mehr Reibung und somit Halt sorgen. Einfach die Werkstücke mit Leim bestreichen und anschließend mit dem Salzstreuer etwas Salz auftragen.

Das ist vor allem bei großen Leimflächen sinnvoll, da hier die Gefahr des Verrutschens größer ist.

Wie du anschließend die beiden Komponenten miteinander vermischen kannst, erfährst du auf Seite 73.

MIX IT! 57

2-Komponentenkleber wird oft in einer Doppelspritze verkauft. Damit soll man das exakte Mischungsverhältnis hinkriegen. Das klappt leider nicht immer, z. B. wenn eine der beiden Spritzen Luft gezogen hat. Die Lösung: Den Steg des Drückers trennen. So kannst du selbst das Mischungsverhältnis bestimmen.

58 Strohhalm-Schaufel

An Ecken lässt sich austretender Leim manchmal nur schwer entfernen. Abhilfe schafft hier ein praktisches Hilfsmittel: Schräge einen Strohhalm vorne etwas ab, sodass du eine Art kleine Schaufel bekommst. Mit der offenen Seite kannst du den Leim nun ganz einfach aufnehmen.

Notizen ...

Aha!

Vor hundert Jahren haben Tischler überwiegend mit Knochenleim gearbeitet – und ja, dieser Leim wurde tatsächlich aus Knochen hergestellt! Er wies eine erstaunliche Klebekraft auf, die heutigen Leimen in nichts nachsteht. Die Verarbeitung ist allerdings sehr aufwendig, sodass heute nur noch Restauratoren mit Knochenleim arbeiten. Eigentlich schade, da Knochenleim ein reines Naturprodukt und im Gegensatz zu modernen Leimen reversibel ist. Das bedeutet: Ein hundert Jahre alter Stuhl, der wackelt, muss nur an den Klebestellen erwärmt und fixiert werden – und schon wackelt nichts mehr. Versuch das mal mit modernen Leimen …

Notizen ...

Malen & Lackieren

Ein Farbdeckel mit Schlitz um einen Pinsel gesteckt bietet den idealen Tropfschutz.

59

So schnell sich die Geschmäcker ändern, so schnell möchten wir auch die häusliche Einrichtung ändern. Nur leider gibt es der Geldbeutel nicht her, dass wir uns jedes Jahr neue Möbel kaufen. Die günstigste Möglichkeit für ein neues Raumambiente ist daher eine andere Farbgestaltung der Wände. Doch anstatt den Pinsel zu schwingen, zweifeln wir meist an unseren Malerqualitäten und lassen es dann doch bleiben. Mit den folgenden Tipps kannst du alle Bedenken über Bord werfen, denn für viele kleine Probleme, die beim Malen und Lackieren auftreten, gibt es einfache Lösungen.

60 KEIN AUSTROCKNEN

Draußen wird es bereits dunkel, doch die Wand ist noch nicht fertig gestrichen? Damit du am nächsten Morgen gleich weitermachen kannst, lasse den Pinsel einfach in der Restfarbe stehen und überziehe die Farbdose mit einem Einweghandschuh aus Gummi. So trocknet die Farbe nicht aus.

Das Ganze hält sich je nach Farbe ca. eine Woche.

Für ein leichteres Dosieren kleinerer Mengen bietet es sich an, mit einem Nagel oder einem Vorstecher ein Loch in die Dose zu stechen.

Alles fließt 61

Farbe lässt sich gezielter umschütten, wenn du mit einer Spitzzange eine kleine Nase in die Farbdose biegst. So geht nichts mehr daneben.

62 Lackroller wieder- verwenden

Bei Farbdosen, die oft, aber nur kurz gebraucht werden, kannst du die Farbrolle einfach drinnen lassen. Griff abziehen, Deckel drauf, fertig.

Was du mit dem Lackroller machen kannst, wenn die Farbdose schon leer ist, erfährst du auf Seite 98.

63

Pinselabstreifer

Ein dickes Gummiband quer über eine Farbdose oder einen kleinen Farbeimer gezogen ist der ideale Abstreifer für Pinsel. Sitzt das Gummiband zu locker, sichere es seitlich auf beiden Seiten (oder einmal drumherum) mit Klebeband vor dem Abrutschen.

Dieser Hack funktioniert auch nur mit Malerkrepp. Dann solltest du es aber mehrmals um die Dose wickeln.

64 VERDÜNN DICH!

Mit diesem Hack fällt es ganz leicht, das optimale Mischungsverhältnis für Farben und Lacke zu finden.

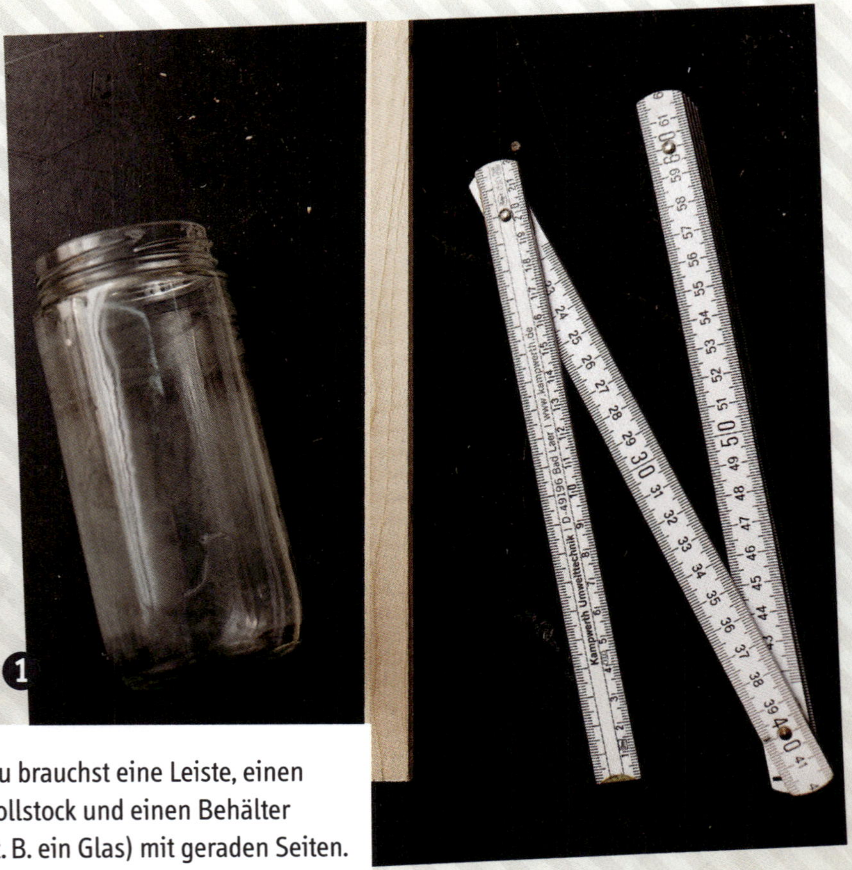

1

Du brauchst eine Leiste, einen Zollstock und einen Behälter (z. B. ein Glas) mit geraden Seiten.

Zeichne auf der Leiste mithilfe eines Zollstocks die Markierungen an. Bei einem Mischungsverhältnis von 50:50 setzt du z. B. jeweils bei 1 cm und 2 cm eine Markierung.

2

3

Nun fülle den ersten Teil bis zur ersten Markierung ein. Anschließend gibst du den zweiten Teil bis zur zweiten Markierung in das Glas.

1 Zunächst die gewünschte Stelle mit Klebeband abkleben.

65 Kein Verlaufen

Da ist man schon so schlau und klebt beim Malen eines Streifens die Ränder mit Klebeband ab, und dann muss man beim Abziehen trotzdem feststellen, dass die Ränder alles andere als gleichmäßig geworden sind, weil die Farbe unter das Klebeband gelaufen ist. Um das Unterlaufen von Klebeband mit Farbe oder Lack zu vermeiden, gibt es aber einen tollen Trick.

2 Die Kleberänder von innen mit der jeweiligen Untergrundfarbe bestreichen und warten, bis die Farbe trocken ist. Dadurch sind die Ränder „abgedichtet".

3 Jetzt die gewünschte Farbe auftragen.

4 Ist der Lack trocken, kann das Klebeband vorsichtig abgezogen werden.

66 EINGETÜTET

Gebrauchte Pinsel oder Farbrollen kannst du in eine Plastiktüte stecken und mit Klebeband abdichten. Das hält mindestens 24 Stunden. Dieser Trick funktioniert auch mit einem Einweghandschuh. Das Tolle: Du kannst den Einweghandschuh, den du ohnehin schon trägst, einfach auf links und dabei direkt über den Pinsel ziehen. So bleiben deine Finger sauber.

Was du machen kannst, wenn du keine Farbschale hast, erfährst du auf der nächsten Seite.

67

FARBSCHALE SCHONEN

Wenn du beim Streichen häufig die Farbe wechseln musst, lege deine Farbschale mit Alufolie aus. So musst du bei einem Farbwechsel nur die Folie auswechseln und ersparst dir das mühselige Auswaschen der Schale.

68 Farbschale selbst gemacht

Wenn du keine Farbschale zur Hand hast, kannst du dir auch selbst eine bauen. Nimm dafür ein Stück Alufolie und biege sie an den Seiten hoch. Für jede Farbe kannst du dir eine andere Schale bauen.

Der Vorteil: Die selbst gemachte Farbschale aus Alufolie kannst du perfekt an die erforderliche Farbmenge anpassen.

Sesam, öffne dich!

69

Meist werden Dosen mit Schraubendrehern geöffnet. Dabei verbiegen aber die Ränder und man muss oft ansetzen, um den Deckel aufzukriegen. Besser geht es mit einem breiteren Werkzeug, z. B. mit der Wange einer Kneifzange oder einem stabilen Spachtel.

Für bereits verbogene Dosen gibt es einen tollen Trick auf Seite 103.

70 Bretthilfe

Wenn du eine Dose nur schwer zubekommst, nimm ein Brett zu Hilfe. So kannst du den Deckel ganz leicht in die Dose drücken.

Praktisch: Mit einem Brett bleiben die Finger sauber.

71 Gebogene Deckel begradigen

Verbogene Deckel, die z. B. mit einem Schraubendreher geöffnet wurden, werden wieder in Form gebracht, indem sie beim Schließen mit einem Brett und einem Hammer vorsichtig zugeschlagen werden. Der Deckelrand wird dadurch wieder begradigt.

Mit diesem Trick holst du alles aus deinem Farbkanister heraus.

72 Das Letzte

Einige Dosen oder Kanister sind so geformt, dass immer ein kleiner Rest übrigbleibt. Aber nicht mit dir! Drücke einfach mit einem Schraubendreher oder einem Vorstecher ein Loch in den Rand. So lässt sich auch der letzte Rest ausgießen.

Holzoberflächen bearbeiten 73

Damit geschliffene Holzoberflächen Lacke oder Lasuren besser aufnehmen, kann man die Holzoberfläche mit einfachem Brennspiritus abwischen. Dadurch beseitigst du Schleifstaub und öffnest die Holzporen.

Mit Brennspiritus wird Holz aufnahmefähiger.

74 KOPFÜBER

Nach dem Wiederverschließen lagerst du Lackdosen am besten kopfüber, da du so die typische Hautbildung auf dem Lack verhinderst.

Grundsätzlich gilt: Farbdosen kühl, aber frostsicher lagern. So halten die meisten Farben und Lacke deutlich länger als vom Hersteller angegeben.

FARBE ENTFERNEN 75

Maler- und Lackierarbeiten solltest du immer mit Einweghandschuhen ausführen, um spätere Reinigungsvorgänge an den Händen zu vermeiden. War dies nicht möglich oder ist etwas danebengegangen, lassen sich Farbflecken auf der Haut gut mit Olivenöl entfernen.

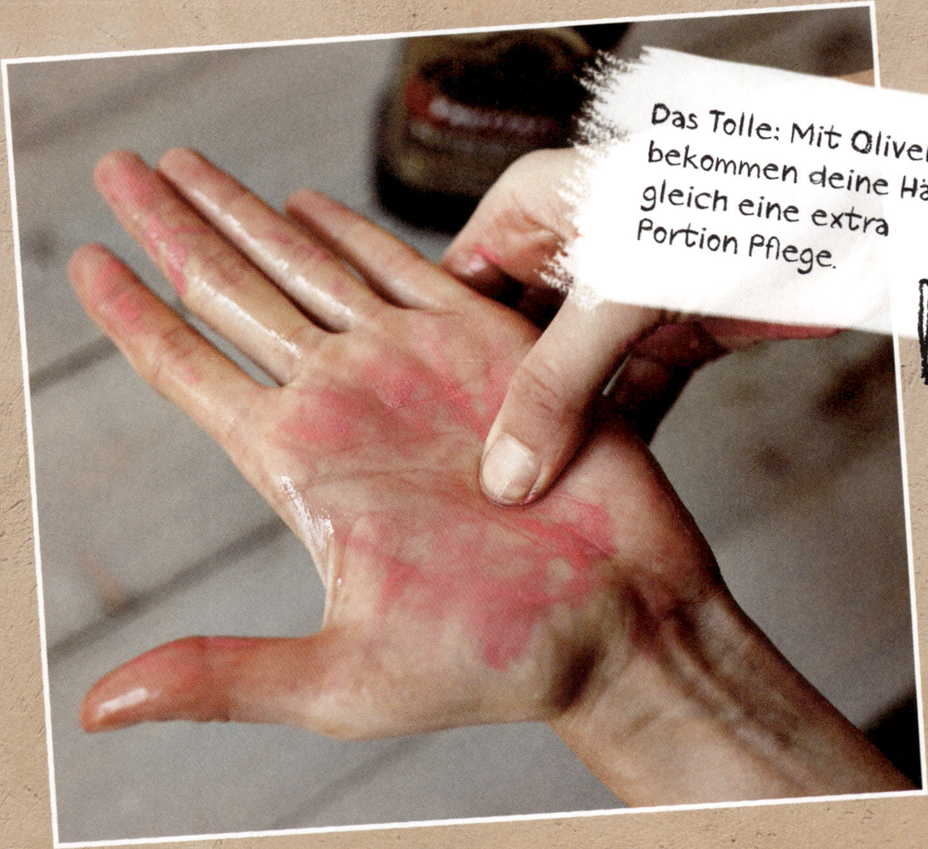

Das Tolle: Mit Olivenöl bekommen deine Hände gleich eine extra Portion Pflege.

76 Wie ein Fakir

Ein Nagelbrett ist die optimale Unterlage für Malerarbeiten. Der Vorteil: Man kann das frisch gestrichene Werkstück sofort umdrehen, um die Rückseite zu bemalen. So bekommt es nur kleine Abdruckstellen, die sich leicht korrigieren lassen.

Auch auf dreieckigen Abschnitten kannst du deine Malerarbeit ablegen.

Aha!

Es ist erstaunlich, wie die Farbauswahl die Atmosphäre eines Raumes beeinflussen kann. Vor allem bei dunklen Räumen ist der Einsatz von hellen, frischen Farben sinnvoll, weil sie dem Raum mehr Lebendigkeit verleihen. In vielen Fällen reicht es aber auch schon, den angestoßenen Türzargen oder Türblättern einen neuen Anstrich zu verpassen. Haben die angestoßenen Stellen den gesamten Türbereich und damit auch den Raum unruhig wirken lassen, sieht nun alles gleich viel ordentlicher aus. Du musst also nicht immer gleich alles streichen, manchmal genügt schon eine gezielte Verschönerung.

Montieren & Installieren

Erwärme Flachstahl vor dem Biegen an der zu biegenden Stelle mit einer Lötlampe.

77

Oft sind es nur die kleinen Tricks, die den Profi-Handwerker vom Hobby-Tüftler unterscheiden, selbst wenn der Erste ein deutlich besseres Equipment besitzt. Aber die Ausstattung ist eben nicht alles ... Übung, Erfahrung und eine dadurch bessere Technik minimieren nicht nur den Zeitaufwand, sondern auch den Frustfaktor. Damit auch du wie ein Profi montieren und installieren kannst, findest du hier Hacks, die dir in alltäglichen Situationen das Heimwerken erleichtern.

Holz im Außenbereich 78

Stirnholz im Außenbereich, wie z. B. Zaunpfosten, solltest du abdecken, um sie vor Regenwasser zu schützen. Dafür eignen sich einfache Blechdeckel. Da eine solche Abdeckung allerdings nicht so schön aussieht, kannst du dein Holz auch anschrägen. Auf diese Weise kann das Regenwasser nicht „stehen“ und somit auch nicht in das Stirnholz eindringen.

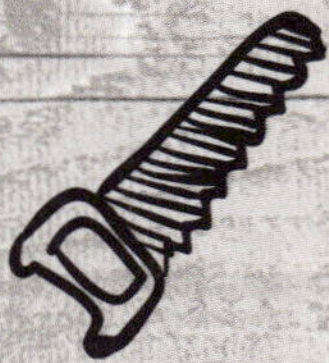

Angeschrägte Pfosten verrotten nicht so schnell und halten wesentlich länger als gerade abgeschnittene Pfosten.

So verwackelt beim Festziehen garantiert nichts.

Selbst ist der Heimwerker 79

Wenn dir eine dritte Hand fehlt, um eine lange Zwinge exakt zu setzen, kannst du dir mit einer einfachen Konstruktion behelfen. An das eine Ende setzt du mit einer kleinen Zwinge ein Stück Holz, auf dem du den Zwingenkopf ablegen kannst. Am anderen Ende kannst du die Zwinge nun bequem anziehen.

80 DIY-Kiste mit Deckel

Eine Box mit Deckel zu bauen ist meist eine schwierige Angelegenheit. Die Herausforderung besteht darin, den Deckel so anzupassen, dass er exakt sitzt. Zum Glück gibt es eine Variante, mit der dir dieses Projekt keine Kopfschmerzen bereitet.

1

Baue eine einfache Box, die allseitig geschlossen ist. Die einfachste Variante: Vier gleich große Bretter vernageln und jeweils oben und unten ein passendes Brett anbringen.

2

An der Tischkreissäge sägst du nun mithilfe des Längsanschlages einen Deckel ab. Dabei stellst du den Längsanschlag auf die gewünschte Deckelhöhe ein und führst die Box vorsichtig mit allen vier Seiten am Anschlag über das Sägeblatt.

3 Im Anschluss montierst du ein Möbelband an Kiste und Deckel.

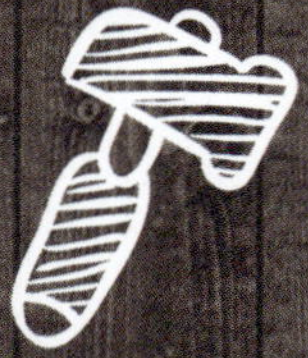

4 Zum Schluss alles sauber abschleifen, und fertig ist die Box!

81 Ersatz für lange Schraubzwingen

Wenn du keine Schraubzwingen hast, die lang genug für dein Werkstück sind, kannst du dir mit einem Halteblock behelfen. Setze den Block mit einer kleineren Schraubzwinge quer an. Die größere Schraubzwinge kannst du nun zwischen Halteblock und Werkstück ansetzen.

PVC-Rohre verbinden

82

Beim Verbinden von PVC-Rohren solltest du immer Gleitmittel verwenden. So lassen sich die Rohre besser korrigieren oder leichter wieder auseinanderziehen, wenn noch nachgearbeitet werden muss.

Als Gleitmittel eignet sich hervorragend Grüne Seife.

83 RICHTIG GEWICKELT

Damit Teflonband ein Gewinde zuverlässig abdichtet, solltest du es richtig herum aufwickeln. Es gilt: Immer gegen das Gewinde wickeln, damit sich das Band beim Einschrauben nicht löst.

Richtig gewickelt kann Teflonband das Gewinde einer Muffe wunderbar abdichten.

84 WASSERDICHT

Wenn du Montagearbeiten im Bad vornimmst, ist es besonders wichtig, alles gut abzudichten. Willst du z. B. eine Duschstange anbringen, solltest du vor dem Einschrauben etwas Silikon in die Dübel geben. So kann kein Wasser eindringen.

85 WIE DER BLITZ

Bei kleinen Arbeiten mit Zement hat man oft eine große Sauerei. Doch das geht auch anders, nämlich mit Blitzzement!

1 Fülle einen Gefrierbeutel mit ein wenig Blitzzement und gib etwas Wasser hinzu. Achtung: Nicht zu viel Wasser nehmen, sondern lieber etwas nachgießen.

2 Beutel verschließen und das Ganze durch Kneten vermischen.

3

Schneide eine Ecke mit der Schere ab. Durch dieses Loch kannst du den Zement spritzen und sofort verstreichen.

Blitzzement ist ideal, um z. B. Gewindestangen in einem Loch zu befestigen oder einfach ein Loch zu verschließen.

86 Sture Schrauben

Verrostete und festsitzende Schrauben kannst du mit Sprühöl lösen. Schraube einsprühen, etwas warten und dann mit leichten Hammerschlägen den Schraubenkopf bearbeiten. Das lockert die Mutter, sodass sich die Schraube anschließend lösen lässt.

Festgerostete Schrauben lassen sich auch durch das Erwärmen mit einer Lötlampe lösen.

Durch die Hebelwirkung hast du mehr Kraft, um eine Schraube zu lösen.

Sture Mütter 87

Wenn die Mutter einer Schraube zu fest sitzt, kannst du deinen Schraubenschlüssel mit einem weiteren Schraubenschlüssel verlängern. Setze den Ring des zweiten Schraubenschlüssels über eine Flanke des anderen Schraubenschlüssels. Nun drücken.

Schrauben-schlüssel-Ersatz 88

Und was machst du, wenn die Schraube zwar nicht festsitzt, du aber keinen Schraubenschlüssel hast? Dann kannst du eine Maschinenschraube nehmen. Auf diese schraubst du eine passende Mutter so weit auf, dass der zu lösende Schraubenkopf genau zwischen die Mutter und den anderen Schraubenkopf passt. Eventuell noch etwas nachjustieren und dann die Schraube herausdrehen.

Je größer die Maschinenschraube, desto besser.

MÜNZEN-TRICK 89

Ist dein Schraubenschlüssel zu groß für einen zu lösenden Schraubenkopf, findest du die Lösung in deinem Portemonnaie. Suche ein paar Münzen zusammen und fülle mit ihnen die Lücke zwischen Schraubenkopf und Schlüssel.

Wenn dir dein Kleingeld zu schade ist, kannst du auch kleine Unterlegscheiben verwenden.

Damit der Deckel nicht abfällt, kannst du ihn mit einem Tropfen Heißkleber an der Druckplatte fixieren.

90 Flaschendeckel wird Schutzkappe

Ärgerst du dich auch immer über die hässlichen Abdrücke, die Schraubzwingen vor allem im weichen Holz hinterlassen? Dann solltest du künftig die Deckel von deinen Plastikflaschen aufheben. Diese kannst du nämlich hervorragend auf die Gewindespindel setzen und so die Abdrücke vermeiden.

DRITTE HAND 91

Du brauchst eine dritte Hand, die dir das Brett hält? Kein Problem. Mit einer Federzwinge wird ein Brett hochkant gehalten, ohne dass es umkippt oder man es selbst festhalten muss.

Einen weiteren Ersatz für eine helfende Hand findest du auf Seite 115.

Ein Hoch auf Altbaudecken 92

Altbaudecken sehen nicht nur wunderschön aus, sie haben auch den Vorteil, dass bei ihnen in der Regel nicht gebohrt werden muss. Sie bestehen häufig aus Holz und einer Putzschicht. Es genügt daher, eine selbstbohrende Schraube einzudrehen.

Hast du eine Fuge getroffen, versuche es links oder rechts einfach erneut.

Die ideale Zweitverwertung, denn Styropor®-Müll fällt bei Möbeln aus dem Einrichtungshaus immer an.

Smart aufbewahrt 93

Stecke Schrauben oder Nägel beim Zusammenbauen immer gleich in ein Stückchen Styropor®. Dies ist besonders beim Möbelaufbauen sinnvoll, da du so den Überblick behältst und sämtliche Schrauben und Nägel immer griffbereit hast.

SCHRÄG-LAGE

94

Zwar sind Drucklufttacker unglaublich praktisch, aber sie hinterlassen oft unschöne Spuren. Halte den Tacker deswegen etwas schräg, denn so vermeidest du hässliche Einschlagspuren.

Drucklufttacker sind sehr nützliche Helfer in der Werkstatt. Man kann mit ihnen sowohl Pins (z. B. zum Fixieren von Bauteilen beim Verleimen) als auch Klammern (z. B. zum Polstern) anbringen.

KREUZ 95 UND QUER

Pins aus Drucklufttackern neigen dazu, beim Eindringen ins Holz nach rechts oder links abgelenkt zu werden. Das liegt an der vorderen Schnittkante eines Pins. Setze den Tacker deswegen immer rechtwinklig, also quer zur Holzplatte an.

Quer angesetzt vermeidest du den Austritt von längeren Pins seitlich am Werkstück.

FRENCH-CLEAT-HALTERUNG 96

Eine French-Cleat-Halterung ist eine sehr nützliche Aufhängungsmethode, z. B. für Bilder. Dabei fassen zwei Leisten mit 45 Grad angeschrägten Seiten ineinander und halten so den Gegenstand durch sein eigenes Gewicht. Eine Leiste sitzt dabei an der Wand, die andere wird auf eine Platte montiert, an die der Fernseher geschraubt wird.

1. Säge an der Tischkreissäge zwei Leisten (etwa 5 cm breit) mit je einer 45-Grad-Fase auf einer Seite zurecht.

❷ In eine Leiste werden nun zwei Löcher gebohrt. Diese dienen der späteren Anbringung an der Wand.

❸ Die andere Leiste wird mit dem entsprechenden Gegenstand verbunden. Wie, das hängt vom Gewicht des Gegenstandes ab. An leichtere Sachen kannst du die Leiste einfach mit Heißkleber anbringen. Schwerere Gegenstände, wie z. B. einen Fernseher, solltest du vorher auf eine Platte schrauben, an die du dann die Leiste montierst.

Riegel 97 montieren

Um das Schließblech eines Riegels einfach montieren zu können, wird die Stirnseite des montierten Riegels mit einem Filzstift eingefärbt. Den Riegel dann sofort gegen die Fläche drücken, wo das Schließblech montiert werden soll. Jetzt hast du den passenden Punkt gefunden!

Das Schließblech dient dem Schutz von Türzargen.

Notizen ...

138

Aha!

Bei allen Hacks zum Thema Montieren ist der beste Hack: Habe eine helfende Person an deiner Seite. Du sparst häufig mehr als die doppelte Zeit, wenn du jemanden hast, der dir Werkzeug oder Material reicht und abnimmt oder dir beim Tragen oder Halten schwerer Gegenstände hilft. Alleine schon beim Arbeiten auf der Leiter ersparst du dir so das ständige Auf- und Absteigen. Natürlich kann man nicht immer jemanden an der Seite haben, aber dafür gibt es ja die Hacks 78 und 90.

Notizen ...

Sägen, Schleifen & Fräsen

98

Bretter nicht in der Mitte über zwei Böcke sägen, sondern mit Überstand über einem Bock sägen.

Handkreissäge, Oberfräse, Bandschleifer oder Stichsäge – vier Werkzeuge und unglaublich viele Möglichkeiten, etwas Schönes zu bauen. Heimwerker, die nur ab und zu mit diesen Geräten arbeiten, sind oft ein wenig eingeschüchtert von den sich schnell drehenden Maschinen. Doch keine Angst, bei richtiger und umsichtiger Handhabung kann nichts schiefgehen. Und mit den folgenden Hacks erhöhst du nicht nur die Sicherheit, sondern auch die Effektivität.

Kreisrunde Sache 99

Hier erfährst du, wie du mit der Oberfräse optimal geformte Scheiben aussägen kannst.

1. Ein dünnes Brett (etwa 1 cm stark) dient dir als Zirkel. In dieses bohrst du ein Loch für die Kopierhülse der Oberfräse und ein weiteres feines Loch, in das später der Nagel für den Mittelpunkt geschlagen wird.

2. Um eine 20 cm Scheibe auszufräsen, miss eine Distanz von 10 cm von der Innenseite der Fräse bis zum Nagelloch ab. Schlage nun den Nagel durch das Loch in das Werkstück.

3 Setze die Oberfräse mit der Kopierhülse in das dafür vorgesehene Loch. Da sich die Oberfräse jetzt mit der Kopierhülse in dem Loch dreht, verdreht sich beim Fräsen weder das Kabel noch der Absaugschlauch.

4 Fräse nun in mehreren Arbeitsgängen, bis die Scheibe fertig ist.

Damit nix verrutscht, kannst du das Werkstück mit einigen Punkten Heißkleber an der Arbeitsplatte fixieren.

Saubere Konturen 100

Bevor du mit dem Fräsen beginnst, solltest du die Konturen der zu fräsenden Stellen mit einem Cuttermesser nachziehen. So vermeidest du später beim Fräsen Ausrisse.

Wenn du die Konturen mit dem Cutter vorschneidest, werden die Fasern an der Schnittstelle sauber abgetrennt.

ACHTSAMES FRÄSEN 101

Um beim Eintauchen eines Fräsers keinen Rückschlag zu kriegen, tauche den Fräser langsam und in kreisenden Bewegungen ein.

Je kleiner der Fräser, desto schneller kann er überhitzen und ausglühen. Sei deshalb vorsichtig mit Vorschub und Frästiefe.

Buchstaben hervorheben 102

Du hast einen in Holz eingefrästen Schriftzug und möchtest diesen nun farbig hervorheben? Dann musst du nicht in mühevoller Kleinstarbeit jeden einzelnen Buchstaben ausmalen, denn auch hierfür gibt es einen tollen Tipp.

1 Sprühe die eingefrästen Buchstaben satt mit Sprühfarbe aus.

2 Nach dem Trocknen der Farbe kannst du nun die gesamte Oberfläche abschleifen. Die Farbe verbleibt in den Vertiefungen, die Buchstaben kommen deutlich zur Geltung.

3 Fertig ist der Schriftzug!

Drunter statt drüber 103

Statt die Oberfräse über das Werkstück zu führen, kann man auch mit einer einfachen Vorrichtung das Werkstück unter der Oberfräse drehen. Setze die Oberfräse auf ein Brett, in das du zuvor ein Loch für den Fräser gebohrt hast. Mit Abstandshaltern lässt sich das Werkstück darunter drehen. Die Mitte des Werkstücks wird mit einem Nagel auf dem Untergrund fixiert. Tauche den Fräser bei laufender Oberfräse in das Werkstück und fixiere die Tiefeneinstellung. Drehe jetzt das Werkstück vorsichtig gegen den Uhrzeigersinn und fräse so den Kreis aus.

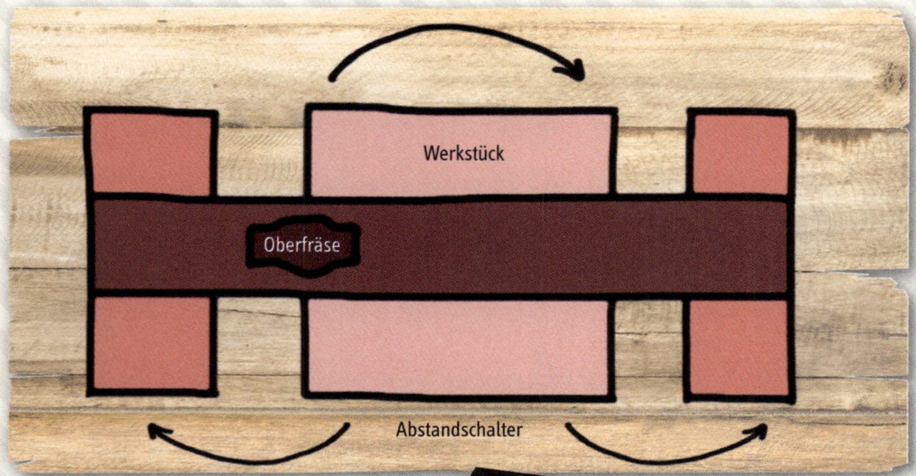

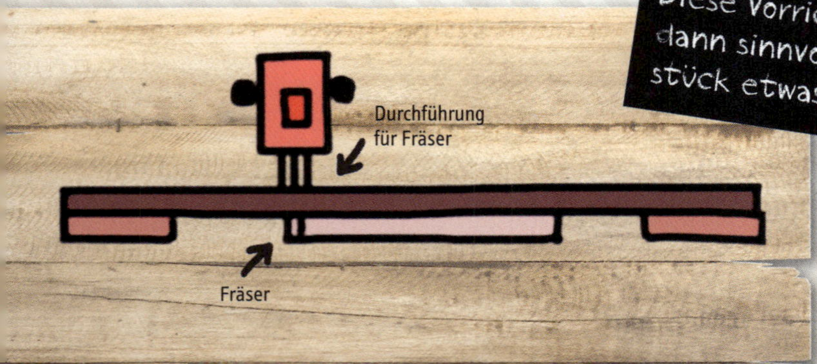

Diese Vorrichtung ist vor allem dann sinnvoll, wenn das Werkstück etwas größer ausfällt.

Aufopferungs-voll 104

Um Ausrisse am Ende eines Werkstücks (vor allem bei Stirnholz) zu vermeiden, sollte man ein Opferstück dort fixieren, wo der Fräser austreten würde. Anstatt aus dem Werkstück auszutreten und das Holz auszureißen, dringt der Fräser nun in das Opferstück ein – und die Fasern des Werkstücks werden sauber geschnitten.

Zum Schluss kannst du mit feinem Schleifpapier die Kante nacharbeiten.

105

UMLEIMER BÜNDIG FRÄSEN

Umleimer, die die Schmalseite einer Platte beschichten, geben einem Werkstück das gewisse Etwas. Doch dafür sollte der Überstand sauber abgefräst werden. Damit dir das gelingt, klebe auf die Lauffläche des Kugellagers ein Stück Klebeband. So wird die glatte Fläche nicht beschädigt.

Erweiterte Auflagefläche 106

Um eine schmale Kante mit der Oberfräse zu bearbeiten, solltest du immer einen Anschlag einsetzen. Um auch die Auflagefläche des Anschlages zu vergrößern, kannst du ein Brett zu Hilfe nehmen. Das verbessert erheblich die Stabilität.

Rasiermesser-scharf 107

Toller Ersatz für einen Farbschaber: Setze ein Rasiermesser in den Sägeschlitz einer Leiste ein und verwende das Ganze als Schaber, um an größeren Werkstücken alten Lack oder Farbe zu entfernen.

An engen Stellen kannst du die Oberseite der Klinge mit etwas Klebeband abkleben und die Klinge mit den Fingern führen.

So hat das Sägeblatt eine Schnittkante und das Brett keinen Platz, um unten auszureißen.

Splitterschutz 108

Selbst mit dem feinsten Sägeblatt der Tisch- oder Bandsäge sind hässliche Ausrisse beim Schneiden von grobfaserigem Massivholz und furnierten Platten keine Seltenheit. Das liegt daran, dass durch den weit geöffneten Sägeschlitz viel Luft zwischen Schlitzkante und Blatt ist, sodass die Holzfasern keinen Halt finden und von den herabfahrenden Zähnen mitgerissen werden. Um dies zu vermeiden, gibt es einen tollen Trick: Eine gerade Holzplatte aus deinem Restholz auf die Säge legen, halb durchsägen, Säge anhalten und nun das eigentliche Werkstück über die Platte führen.

109 HOLZDÜBEL SELBST GEMACHT

Holzdübel lassen sich aus Restholz, z. B. von Leisten, mit einer einfachen Dübelschablone selbst herstellen.

1. Mit einem Körner einen Körnerpunkt in ein Flacheisen machen und zwei Körnerpunkte seitlich davon anordnen. Die Punkte musst du nicht exakt setzen, sie dienen lediglich dem Abtransport der Späne.

2. Nun das Loch in der Mitte auf die gewünschte Dübelgröße bohren.

3 Fertig ist die Schablone.

4 Spanne ein Stück Restholz in den Akkuschrauber ein. Die Spitze mit einem Messer anspitzen.

5 Schablone fixieren und das Restholzstück drehend durch das Loch im Flacheisen drücken.

6 Und schon hast du einen Dübel!

Bei neuen Bündigfräsern kannst du die Schrauben des Kugellagers auch mit flüssiger Schraubensicherung bearbeiten.

110

Bündigfräser richtig pflegen

Sprühe das Kugellager deines Bündigfräsers immer wieder mit Sprühöl ein, damit es frei laufen und sich weniger Holzstaub festsetzen kann.

Freihand Sägen 111

Für ein exaktes Sägen mit der Handsäge schneide die Sägekante eines Werkstückes mit einem Cutter ein. Anschließend von der Seite mit dem Stechbeitel eine Kerbe einschnitzen. So hast du einen optimalen Ansatz zum Sägen. Der Vorteil: Du beginnst unterhalb der Oberfläche, sodass die gute Seite deines Werkstückes nicht beschädigt wird.

Säge zu Beginn nur mit kurzen Bewegungen, um eine Führung für das Blatt zu schaffen. Wenn das Sägeblatt etwas ins Werkstück eingedrungen ist, kannst du die ganze Sägeblattlänge nutzen.

112 EINMAL OBEN, EINMAL UNTEN

Hier kann man schnell durcheinander kommen: An der Tischkreissäge sägt man furnierte oder beschichtete Platten mit dem Furnier/der Beschichtung nach oben. An der Handkreissäge zeigt das Furnier/die Beschichtung nach unten.

Handkreissäge: gute Seite unten.

Tischkreissäge: gute Seite oben.

DIY 113 – Schiebestöcke

Schiebestöcke für die Tischkreissäge können je nach Säge selbst hergestellt werden. Dafür einfach die untenstehende Vorlage kopieren, vergrößern, auf ein Stück Holz übertragen und aussägen.

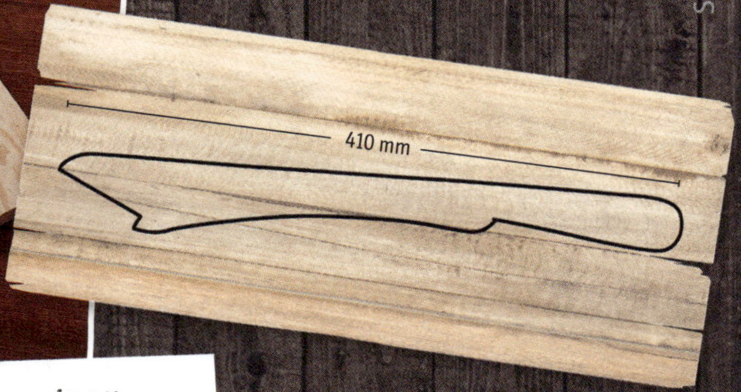

Um aus der Vorlage einen Schiebestock zu machen, kannst du genau so vorgehen, wie bei der Anfertigung von Buchstaben aus Holz (siehe Seite 236).

Klarer Cut 114

Dünnes Sperrholz (z. B. 4 mm Pappel) lässt sich hervorragend mit dem Cuttermesser schneiden. So bekommst du sauberere Längsschnitte als mit der Säge.

Für besonders gerade Schnitte eignet sich hervorragend ein Aluminium-Lineal. Es schont die Klinge und ist stabil genug, um eine gerade Führung zu gewährleisten.

Hirnholz hobeln

115

Beim Hobeln von Hirnholz immer erst die Kanten anphasen, damit das Holz nicht ausreißen kann.

Bei Hirnholz wird am besten immer nur von der Seite bis zur Mitte gehobelt. Seite wechseln und erneut nur bis zur Mitte hobeln. So erzielst du das beste Ergebnis.

MILCHGLAS-EFFEKT 116

Wenn du klares Acrylglas mit 120er-Schleifpapier auf dem Exzenterschleifer gleichmäßig bearbeitest, kannst du einen tollen Milchglaseffekt erzielen.

Mit gröberem Schleifpapier (40er oder 60er) kannst du schöne Effekte erzielen, indem du nur in eine Richtung schleifst, z. B. von unten links nach oben rechts.

ROSTFREI 117

Keine Rundstahlbürste zum Entrosten zur Hand? Dann kannst du kurze Rundstahlstücke entrosten, indem du sie in die Standbohrmaschine einspannst und beim Drehen mit einer Drahtbürste bearbeitest.

Anstatt einer Drahtbürste kannst du auch ein Stück Schleifpapier, eine Feile oder Stahlwolle nehmen.

Bearbeitest du Aluminium mit einer elektrischen Säge, setze unbedingt eine Sicherheitsbrille auf! Die Aluminiumspäne fliegen beim Sägen wild durch die Gegend und sind ziemlich heiß …

ALUMINIUM SÄGEN 118

Aluminium lässt sich mit den gleichen Werkzeugen sägen, die du auch für Holz verwendest.

Schutz für Möbelbeine 119

Möbelbeine, wie z.B. von Gartenbänken, immer unten anphasen, um ein Ausreißen beim Herumschieben zu vermeiden.

Um das Stirnholz der Möbelbeine zu schützen, kannst du von unten ein Stück Gummi festnageln oder -kleben. So wird das Stirnholz nicht unmittelbar Feuchtigkeit ausgesetzt und die Beine halten länger.

120 Sauberer Schnitt

Um beim Sägen mit der Stichsäge ein Ausreißen an der Schnittstelle zu verhindern, klebe die Schnittstelle auf der guten Seite, also der Seite mit der Beschichtung, mit etwas Klebeband ab.

Die gute Seite zeigt beim Sägen nach unten.

Sägeblatt-stellung prüfen

121

Bei einer Stich-, Hand- oder Tischkreissäge lässt sich der 90 Grad Winkel zwischen Sägeblatt und Auflage sehr gut mit einem handelsüblichen Geodreieck® einstellen.

Sägeanschlag für Handkreissäge 122

Um mit der Handkreissäge bei langen Schnitten gerade Ergebnisse zu erzielen, solltest du einen Anschlag verwenden. Eine gerade Leiste eignet sich sehr gut dafür.

1 Ermittle den Abstand von der Außenkante der Handkreissäge bis zum Sägeblatt. Hier sind es 33 mm.

2 An die auszusägende Linie nun die 33 mm übertragen, damit du die Linie mit dem Sägeblatt erreichst. Je nachdem, welche Seite du so aussägen willst, musst du noch die Stärke des Sägeblattes berücksichtigen!

Fixiere die Leiste mit etwas Heißkleber. Alternativ kannst du auch Schraubzwingen verwenden.

3

4

Nun kannst du gerade an der Leiste entlang sägen.

Sägeanschlag für Handkreissäge bei Laminat

123

Um Laminat längs abzusägen, kannst du einfach ein anderes Laminatbrett als Anschlag nehmen. Mit Schraubzwingen befestigen und ggf. mit Heißkleber fixieren.

In dicke Sperrholzplatten musst du z. B. sägen, wenn du einen Ausschnitt für eine Spüle brauchst.

Ausschnitte in Arbeitsplatten 124

Ausschnitte in dicke Sperrholz-Arbeitsplatten machst du am besten mit einer Handkreissäge: Ausschnitt anzeichnen, mit der Handkreissäge einen Tauchschnitt machen und bis zur Markierung sägen. Die letzten Millimeter, die aufgrund des runden Sägeblattes unten stehenbleiben, mit der Stichsäge nachsägen.

SCHLEIFPAPIER-ORIGAMI 125

Um Schleifbögen handlicher zu machen, kannst du sie falten. Damit das Schleifpapier aber nicht abnutzt, indem zwei raue Seiten aufeinanderliegen, ist dies die optimale Falttechnik:

1 Einmal in der Mitte falten und wieder auseinanderklappen.

2 Jetzt in die andere Richtung in der Mitte falten und wieder auseinanderklappen.

❸ Mache mit einem Cuttermesser und einem Lineal einen Schnitt von der Mitte bis zum Ende einer Falte.

❹ Nun das Papier zusammenlegen.

Hier heißt die Devise:
Einwickeln und anwenden.

126 Rundherum gut geschliffen

Um Rundungen zu bearbeiten, bietet es sich an, Schleifpapier um einen runden Gegenstand zu wickeln und so das Werkstück zu bearbeiten. Als mögliche Schleifpapierhalter eignen sich alle runden Gegenstände, z. B. Sprüh- oder Farbdosen, Stifte usw.

Ebene Flächen schleifen 127

Um auf einer Ebene sauber zu schleifen, beklebe eine mitteldichte Holzfaserplatte (kurz: MDF-Platte) oder einen Klotz mit Sprühkleber und Schleifpapier. Eine Seite des Schleifpapiers biegst du um, alle anderen Seiten schneidest du glatt ab, um angrenzende Flächen nicht zu beschädigen. Nun kannst du mit der großen Fläche sauber schleifen.

Mit der umgebogenen Kante erreichst du auch die engen Stellen.

128 SCHLEIFPAPIER-HALTER XXL

Willst du bei einem Werkstück die Ränder angleichen, baue dir einen großen Schleifpapierhalter, mit dem du mehrere Ränder gleichzeitig bearbeiten und so einander angleichen kannst. Dafür eignet sich ein langes Brett aus deinem Restholz-Fundus, auf das du mit Sprühkleber Schleifpapier aufbringst.

Gleiche Ränder sind vor allem bei einer Box sehr wichtig.

KANTEN SCHLEIFEN 129

Wenn du nur die Kante eines Werkstückes mit Schleifpapier bearbeiten willst, kannst du das Schleifbrett vorne mit Klebeband abkleben. So wird lediglich die Werkstückkante vom Schleifpapier erfasst, weiter hinten liegende Oberflächen werden geschont.

GROBES SCHLEIFEN 130

Bei grobem Papier kannst du das Schleifbrett mit einem Gewicht beschweren. So wird der Kraftaufwand gleichmäßig verteilt.

Wie du solch ein Gewicht selbst herstellen kannst, erfährst du auf Seite 302.

Acrylglas polieren 131

Verkratztes Acrylglas kannst du mit Nassschleifpapier und einem Wasser-Spüli-Gemisch bearbeiten. Bei tiefen Kratzern fange mit gröberem Schleifpapier an (z. B. 240er), um dann die Körnung in mehreren Schleifgängen immer weiter zu erhöhen (z. B. 400er, dann 800er, 2000er und am Ende 4000er).

Am Ende kannst du mit einem Tuch noch eine Acrylglas-Polierpaste aufbringen.

Schleifwalzen selber bauen

132

Schleifwalzen kannst du aus Holzscheiben und einer Gewindestange für die Standbohrmaschine ruckzuck selber bauen.

1 Säge mehrere Scheiben aus.

2 Scheiben aneinanderlegen und auf die Gewindestange stecken. Sichere das Ganze an beiden Seiten mit Muttern, dabei sollte eine Seite etwa 4 cm überstehen. Nun die Gewindestange mit Walze in die Standbohrmaschine einspannen und beim Drehen die Walze mit Schleifpapier abschleifen.

3 Schneide ein Stück Schleifpapier auf die Größe der Rolle zu. Papier mit Sprühkleber besprühen und auf die Rolle kleben.

4 Schon ist die Rolle fertig und kann für alle möglichen Schleifarbeiten eingesetzt werden.

133 SCHLEIFBAND-VERWERTUNG

Alte Schleifbänder, z. B. vom Bandschleifer, sind durchaus noch zum Handschleifen zu gebrauchen. Einfach die alten Bänder auf einen passenden Holzklotz aufbringen und nach und nach weiter ziehen, um zugesetzte Stellen, die keine Schleifqualität mehr haben, zu übergehen.

134 Kaffeetasse wird Schleifstein

Stumpfe Klingen eines Cuttermessers lassen sich kurzfristig wieder schärfen, indem du sie über den Boden einer Kaffeetasse ziehst.

135 Bandsägeblätter zusammenlegen

Mit einem einfachen Trick lassen sich unhandliche Bandsägeblätter platzsparend verstauen.

1 Nimm das Sägeblatt in beide Hände. Achtung: Unbedingt Handschuhe tragen! Die Handinnenflächen zeigen nach vorne. Tritt mit der Fußspitze auf das Sägeblatt.

2 Führe nun die Hände mit einer nach innen gerichteten Bewegung zusammen.

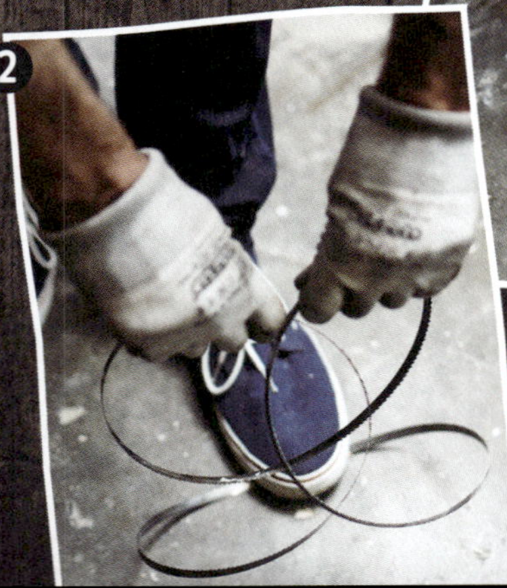

3 Biege die Seiten immer weiter nach innen, bis sich ein Kreis bildet.

So schön zusammengelegt, findet das sonst so sperrige Sägeblatt überall Platz.

4

136 Sägeblätter reinigen

An Kreissägeblättern bleiben oft Harze oder Lacke hängen, die das Sägeergebnis beeinträchtigen. Eine regelmäßige Reinigung ist hier also das A und O. Einfach im ausgebauten Zustand das Sägeblatt mit Brennspiritus oder Aceton reinigen und danach leicht mit Sprühol einreiben. Wichtig: Unbedingt Handschuhe tragen!

Bei hartnäckigen Flecken kannst du auch zum Bremsenreiniger greifen.

SÄGETISCHE LEICHTGÄNGIGER MACHEN

137

Auflagetische von Tischkreissägen, Bandsägen etc., die in ihrer Bewegung stocken, können mit Antikwachs wieder leichtgängiger gemacht werden. Einfach mit einem weichen Tuch ein wenig Wachs auftragen und nach dem Antrocknen polieren.

FEINSCHLIFF

138

Vor dem letzten Feinschliff eines Werkstückes aus Holz solltest dem die Oberfläche mit einem feuchten Lappen abwischen. Dadurch stellen sich die Holzfasern auf und werden von dem Schleifpapier restlos entfernt. Für ein optimales Feinschliff-Ergebnis!

Für den letzten Feinschliff eignet sich 220er-Schleifpapier.

DIY-Schleifpapierfeile 139

Aus Holzabschnitten aus dem Restholz-Fundus kann man hervorragend eine Schleifpapierfeile herstellen. Am besten eignet sich dafür eine dünne Leiste, die du auf die gewünschte Länge sägst. Schleifpapier zurechtschneiden und mit Sprühkleber befestigen.

Eine Schleifpapierfeile ist ideal für die Bearbeitung von Kanten und Rundungen.

Aha!

Die Stichsäge ist die perfekte Einstiegsmaschine für Heimwerker, die sich im Holzbereich verwirklichen wollen. Sie ist im Umgang sehr sicher und bietet enorm viele Möglichkeiten, sich im Deko- oder Möbelbau auszutoben. Je nach Bedarf kannst du verschiedene Sägeblätter nutzen, sowohl für Fein- und Grobschnitte als auch für Kurvenschnitte und sehr tiefe Schnitte. Die Stichsäge ist also die ideale Erstinvestition.

Notizen ...

Schablonen, Messen & Markieren

Beim Anzeichnen langer Linien den Bleistift ständig drehen – so bleibt er scharf.

140

Kommode
Schrank

„Arbeiten nach Auge" oder „Pi mal Daumen" – solche Arbeitsweisen führen beim gelegentlichen Heimwerker schnell zu einem Desaster und sollten besser den Profis vorbehalten bleiben. Mein Meister hat deswegen immer gesagt: „Besser zweimal messen, als zweimal die gleiche Arbeit machen". Und damit hat er absolut recht, wie ich aus eigener leidvoller Erfahrung sagen kann. Planung und Vorbereitung sind also das A und O, und hier bekommst du die passenden Hacks, damit am Ende auch garantiert nichts schiefgeht.

141 Kleine Konturen übertragen

Willst du die Kontur einer unebenen Stelle übertragen, kannst du die Kontur mit Malerkrepp abnehmen. Klebe mehrere Stücke des Kreppbandes überlappend auf und ziehe das Ganze dann in einem Stück ab. Nun kannst du es auf dein Werkstück kleben.

142

Große Konturen übertragen

Willst du größere Konturen übertragen, greifst du am besten zu Karton und Klebeband, denn so kannst du eine stabilere Schablone bauen. Selbstverständlich kannst du anstatt Klebeband auch Heißkleber benutzen.

Nimm ruhig viele kleine Kartonstücke, um die Konturdetails richtig zu erfassen.

Und was ist mit Winkeln unter 90 Grad? Das erfährst du auf der nächsten Seite.

143

STUMPFE WINKEL ÜBERTRAGEN

Winkel über 90 Grad kannst du ganz einfach mit zwei Pappstreifen in der gleichen Breite und etwas Klebeband oder Heißkleber abnehmen.

144

SPITZE WINKEL ÜBERTRAGEN

Winkel unter 90 Grad kannst du mit zwei Dreiecken aus Pappe und Heißkleber abnehmen.

Achte darauf, dass die Pappstreifen wirklich gerade Kanten aufweisen, damit du den Winkel korrekt ermitteln kannst.

145 Winkel halbieren

Um einen Winkel zu halbieren, nimmst du den Winkel mit zwei gleich breiten Pappstreifen ab. Pappstreifen aufeinander kleben, die Eckpunkte mit Lineal und Bleistift verbinden und mit dem Cutter durchschneiden.

Verlauf übertragen 146

Um einen Verlauf zu übertragen, z. B. um ein Laminatbrett passgenau auf eine Wand zuzuschneiden, brauchst du nur einen Bleistift und eine Unterlegscheibe. Lege das Laminat an die Wand, stecke die Bleitsiftspitze in die Unterlegscheibe und fahre so mit dem Bleistift an der Wand entlang.

So schnell lässt sich ein Laminatbrett an eine unebene Wand anpassen.

147 Die perfekte Welle

Gleichmäßig geschwungene Kanten sind kein Hexenwerk! Falte ein Stück Pappe oder Papier in der Mitte und zeichne auf eine Seite den Bogen auf. Das doppelt gelegte Papier ausschneiden, Papier entfalten und als Sägeschablone nehmen.

Wenn du häufiger die gleiche Form benutzt, macht es Sinn, eine Schablone aus dünnem Sperrholz anzufertigen. Sie hält länger als eine Papierschablone.

Achte darauf, dass die Schablonenkante parallel zu den Bohrlöchern verläuft, sonst wird deine Bohrung schief ...

SCHABLONE FÜR MÖBEL-BESCHLÄGE

148

Um Löcher für Möbelbeschläge wie Schubladenführungen oder Scharniere passgenau zu setzen, kannst du eine Schablone aus einem Sperrholzbrett anfertigen. Mit dieser Schablone lassen sich die Löcher dann ohne Probleme übertragen.

149 Streichmaß-Ersatz

So baust du dir im Handumdrehen ein Streichmaß: Drehe in einen Holzblock mit gerader Kante eine Schraube in die gewünschte Tiefe ein. Mit der Holzblockkante streichst du nun am Werkstück entlang. Der Schraubenkopf setzt die Markierung.

Wozu braucht man da noch ein echtes Streichmaß?

150

3-4-5-METHODE

Diese Methode stammt aus der Zimmerei-Branche und dient dazu, die Rechtwinkligkeit zu prüfen. Setze an der Wand, zu der du den rechten Winkel ermitteln möchtest, eine Startmarkierung. Davon setzt du mithilfe eines Maßbandes in einem Abstand, der gut durch drei teilbar ist, wie z. B. 30 cm, deine Endmarkierung. Nun gehst du von der Startmarkierung mit dem Maßband 40 cm in die Richtung des vermeintlich rechten Winkels. Setze eine Markierung. Wenn der Abstand zwischen dieser Markierung und deiner Endmarkierung 50 cm beträgt, hast du einen rechten Winkel!

Dies funktioniert nicht nur mit den Maßen 30 cm, 40 cm und 50 cm, sondern auch mit allen anderen Maßen. Wichtig ist nur das Verhältnis 3 zu 4 zu 5.

151 WINKELMESSEN MIT ZOLLSTOCK

Geodreieck® war gestern. Echte Heimwerker messen einen Winkel mit dem Zollstock, denn mit den drei Gliedern eines Zollstocks kann man wunderbar einen 90-Grad-Winkel herstellen. Dafür musst du nur die Metallspitze auf 67,7 cm aufsetzen, und schon hast du deinen 45 Grad Winkel.

Für Winkel, die du häufig benutzt, kannst du die entsprechende Zahl auf deinem Zollstock markieren.

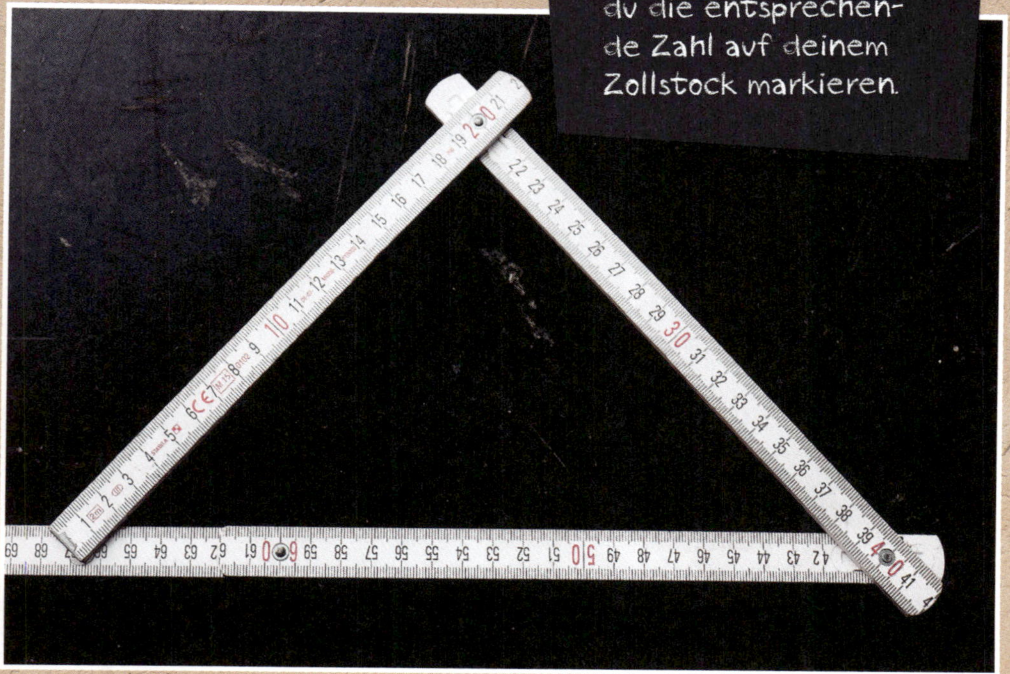

Natürlich kannst du auch jeden anderen Winkel mit deinem Zollstock bestimmen. Welches Maß du für welchen Winkel brauchst, verrät dir folgende Tabelle:

20°	46,2 cm
25°	47,8 cm
30°	49,6 cm
40°	52,9 cm
45°	54,6 cm
50°	56,2 cm
55°	57,8 cm
60°	59,3 cm
65°	60,8 cm
70°	62,3 cm
75°	63,7 cm
80°	65,2 cm
85°	66,4 cm
90°	67,7 cm
95°	68,9 cm
100°	70,2 cm

152 Innenmaß mit Zollstock

Innenmaße, z. B. von Türzargen, lassen sich ruckzuck mit einem Zollstock und einem Stück Restholz nehmen. Zeichne auf dem Holzstück einen beliebigen Abstand ein – am besten nimmst du dafür eine gerade Zahl (z. B. 10 cm). Halte das Holz gegen eine Zargenseite und miss mit dem Zollstock von der anderen Seite bis zur Markierung auf dem Holz. Den Wert ablesen und zu dem Wert auf deinem Holzstück rechnen – fertig!

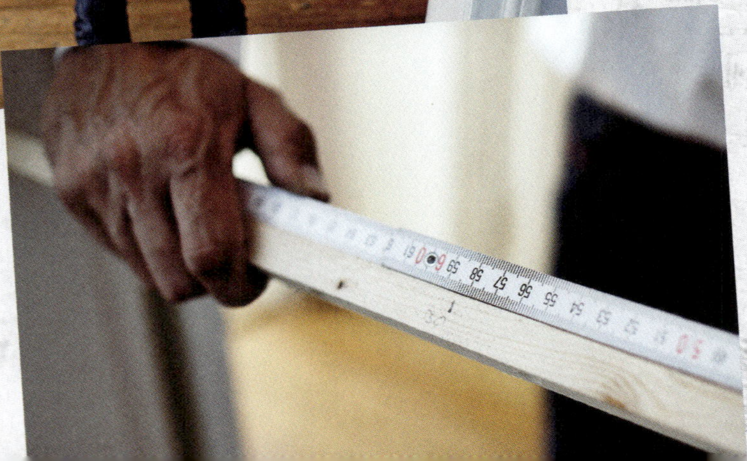

153

Innenmaß mit Maßband

Innenmaße kannst du auch mit dem Maßband messen. Das eine Ende ansetzen und die Seite mit der Rolle soweit ausrollen, bis du zur anderen Innenseite gelangst. Nun das Maßband knicken und den Knick in die Ecke führen. Jetzt kannst du das Maß nehmen.

Was ein Zollstock so alles kann!

154

SCHLANKE LINIE

Zum Anzeichnen langer Linien, die parallel zur Werkstückkante verlaufen, zückst du ab sofort deinen Zollstock! Klappe zwei Glieder deines Zollstocks halb auf und nimm die anderen Glieder als Anschlag für die Kante. Führe nun den Zollstock mit dem Bleistift an der Kante entlang und zeichne so eine saubere Linie.

Löcher für Bilderrahmen

155

Nie mehr schiefe Bilder? Kein Problem! Rolle ein Stück Klebeband soweit ab, dass es rechts und links etwa 3 cm über die beiden Halter deines Bildes hinausragt. Bringe das Klebeband auf deinem Bild an und markiere am oberen Rand des Klebebandes die Löcher und ggf. die Mitte des Bildes. Nun klebst du das Klebeband auf eine Wasserwaage. Halte diese an die Wand und richte sie aus. Über den Markierungen auf deinem Klebeband kannst du nun die Löcher setzen.

156 Anreißen mit dem Messschieber

Um parallel zur Werkstückkante eine Linie anzureißen, brauchst du kein Streichmaß, dein Messschieber reicht vollkommen aus. Stelle den gewünschten Abstand am Messschieber ein und fahre mit der verstellbaren Innenseite am Rand entlang. Dabei drückst du die feste Seite ins Werkstück.

Die Linie kannst du danach mit dem Bleistift nachzeichnen.

ABSTÄNDE 157 ANZEICHNEN

Um eine gerade Linie in einem großen Abstand parallel zu einer Werkstückkante zu ziehen, brauchst du nichts anderes als deinen Zollstock. Positioniere den Zollstock so, dass dein Bleistift an dessen Ende anliegt. Den Finger deiner anderen Hand führst du als Anschlag am Werkstückrand entlang. Nun kannst du deine Linie ziehen.

158

MITTENFINDER

Die Mitte eines quadratischen Brettes nach Augenmaß zu bestimmen, klappt selten. Gut, dass du immer ein Lineal oder einen Zollstock griffbereit hast, denn damit findest du die Mitte in Sekundenschnelle. Verbinde mit Bleistift und Lineal jeweils die gegenüberliegenden Ecken. Der Schnittpunkt beider Linien ist die Mitte.

Kein Lineal oder Zollstock zur Stelle? Dann kannst du auch einfach eine gerade Leiste oder ein Brett nehmen.

159

Halbe-halbe

Willst du eine rechteckige Platte halbieren, gehst du wie folgt vor: Zollstock oder Maßband quer ansetzen und eine leicht zu teilende Zahl abmessen, z. B. 20 cm. Bei der Hälfte setzt du eine Markierung, hier bei 10 cm. Das Ganze wiederholst du parallel zu deiner jetzigen Linie an einer anderen Stelle, also etwas oberhalb oder unterhalb der Linie. Verbinde die beiden Markierungen, und schon hast du deine Platte in zwei Hälften geteilt.

Hast du nichts zum Abmessen da, nimm eine Schnur, halte sie an die beiden Außenkanten der Platte und markiere an der Schnur die Breite oder die Länge der Platte (je nachdem, wie du deine Platte teilen möchtest) mit einem Knoten. Lege die Schnur in der Mitte zusammen. Nun hast du genau die Hälfte ermittelt.

160 Zu gleichen Teilen

Ein Werkstück lässt sich ganz einfach in mehrere gleichgroße Stücke teilen. Lege einen Zollstock oder ein Maßband quer an, sodass eine einfach zu teilende Zahl entsteht, z. B. 30 cm bei drei Teilen). Dann jeweils ein Drittel anzeichnen, also jeweils bei 10 cm eine Markierung setzen.

Praktische Klebezettel 161

Um in mehrere Ecken Löcher in einem identischen Abstand zu setzen, musst du nicht jedes Loch mühsam abmessen. Es genügt ein Klebezettel! Klebe ihn in eine Ecke und markiere auf ihm mit einem Vorstecher oder einem Stift den Bohrpunkt. Klebezettel abziehen, in die nächste Ecke setzen, und schon weißt du, wo das Loch hin muss.

Dieser Trick bietet sich auch an, wenn dein Zirkel zu klein für den gewünschten Radius ist.

Anstatt eines Pappstreifens kannst du auch ein Band, ein Kabel oder eine Holzleiste nehmen.

162

ZIRKELERSATZ I

Findest du deinen Zirkel zwischen all den Holzplatten und Sägespänen nicht wieder? Kein Problem, denn Kreise lassen sich auch wunderbar ohne Zirkel zeichnen. Fixiere das Ende eines Pappstreifens mit einem Nagel auf deinem Werkstück. Drücke im gewünschten Abstand den Bleistift durch, und schon hast du einen perfekten Zirkelersatz.

Zirkelersatz II 163

Bei den meisten Maßbändern ist der Anschlag mit einem Schlitz versehen. Hänge diesen Anschlag in einen halb eingedrehten Schraubenkopf ein. Den Bleistift hältst du mit dem Finger an die gewünschte Position ans Maßband. So kannst du nun halten und anzeichnen.

Mit dieser Methode kannst du gleich den genauen Abstand abmessen.

164 Ellipsen zeichnen

Vor allem für die jährliche Osterdeko braucht man Ellipsen. Wie gut, dass es eine einfache Methode gibt, um Ellipsen zu zeichnen: Zwei Schrauben halb eindrehen, ein Band in gewünschter Länge zusammenbinden, über die Schrauben legen und einen Bleistift im Band kreisen lassen.

So bekommst du formschöne Ostereier.

Deckel-herstellung

165

Brauchst du die Maße für einen Deckel passend zu einer Dose, kannst du diese mithilfe eines Stück Backpapiers herausfinden: Backpapier mit Sprühkleber benetzen und auf dem Rand der Dose faltenfrei aufbringen. Mit einem Bleistift kannst du nun die Konturen nachzeichnen.

166 ABPAUSEN

Für das Übertragen von Konturen ist auch hier Backpapier die erste Wahl. Lege ein Stück Backpapier auf die gewünschte Kontur und zeichne sie ab. Nun bemalst du die andere Seite des Papiers deckend mit Bleistift. Mit dieser Seite nach unten legst du das Papier auf das Werkstück, auf das du die Kontur übertragen möchtest. Wenn du jetzt die Kontur mit einem Kugelschreiber nachziehst, überträgt sie sich mittels der Bleistiftfarbe auf der Rückseite.

Backpapier ist das perfekte Pauspapier.

Beschriften mit Kreppband

167

Um beim Auf- oder Abbau von Möbeln Verwechslungen zu vermeiden, ist es hilfreich, jedes Bauteil zu beschriften. Klebe dafür jeweils ein Stück Kreppband auf, auf das du die genaue Bezeichnung schreibst, z. B. Schranktür links.

Kreppband lässt sich gut beschriften und leicht und rückstandslos abziehen.

168 Anriss sichtbar machen

Wenn du mit einem Streichmaß eine Linie gezogen hast, ist sie oft schwer im Holz zu erkennen. Damit du sie besser siehst, zeichne die Linie mit einem Bleistift nach.

169 Vorstecher vor Bleistift

Bohr- oder Schraubenlöcher markierst du am besten mit einem Vorstecher. Damit findet der Bohrer oder die Schraube Halt und die Bohrung wird exakter als bei einem Bleistiftpunkt.

Ein Vorstecher, auch Ahle oder Pfriem genannt, sollte in keinem Werkzeugkasten fehlen.

170 Löcher in Metall

Damit du beim Bohren in Metall nicht abrutschst, markiere die Löcher beim Bohren mit einem Körner. So findet dein Bohrer einen sicheren Halt.

Achte beim Bohren in Metall darauf, nicht zu hohe Drehzahlen zu nehmen, damit der Bohrer nicht ausglüht. Er ist dann unbrauchbar, was du an der bläulichen Verfärbung erkennst. Dem kannst du mit Hack 2 entgegenwirken.

171 Goldener Schnitt

Goldener was? Bei einem Goldenen Schnitt teilst du eine Strecke so in zwei Teile, dass der kleinere Teil sich zum größeren Teil genau so verhält wie der größere Teil zum Ganzen. Und wofür brauchst du das? Ganz einfach: Wenn du ein Möbelstück baust, wie z. B. einen Tisch, und dich an dieses Verhältnis hältst, gehst du auf diese Weise sicher, dass die Proportionen stimmen und dein Möbelstück harmonisch auf den Betrachter wirkt.

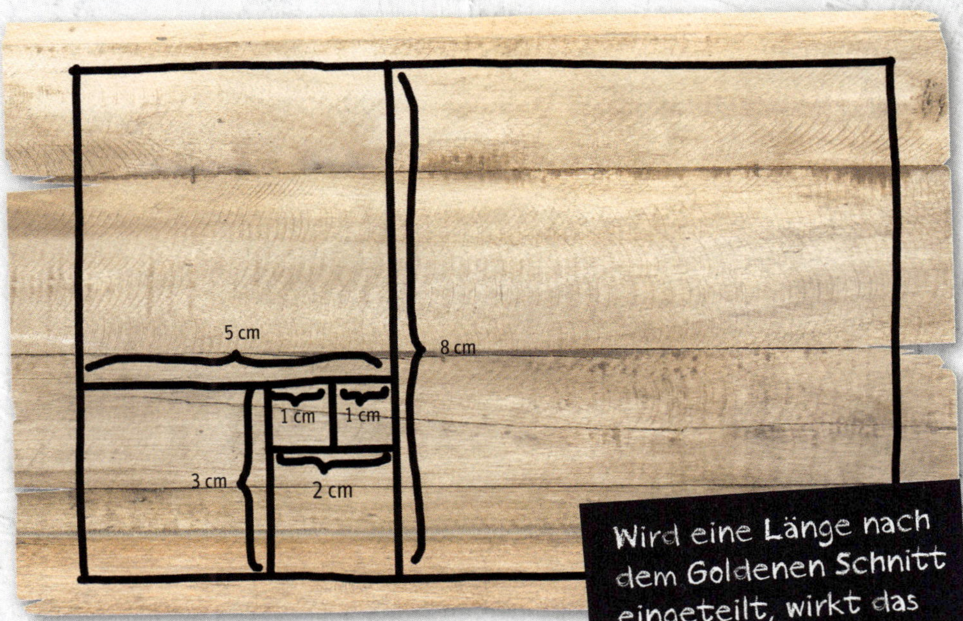

Wird eine Länge nach dem Goldenen Schnitt eingeteilt, wirkt das Ergebnis harmonisch – ganz egal, ob es sich dabei um ein Haus, ein Möbelstück oder ein Bild handelt.

Aha!

Die wichtigsten Messwerkzeuge sind tatsächlich Zollstock und Maßband. Ich habe mindestens drei Zollstöcke in meinem Werkzeugkeller herumfliegen – und verbringe trotzdem viel Zeit mit dem Suchen. Bei aufwändigeren Projekten, bei denen ich länger in der Werkstatt bin, befestige ich deshalb ein Maßband an meinem Gürtel. So entfällt das nervige Suchen und ich kann mich besser auf die Arbeit konzentrieren. Einen Bleistift habe ich übrigens meistens hinterm Ohr oder zwischen meinen Lippen klemmen. Das verleiht dem gemeinen Heimwerker auch gleich einen geheimnisvollen Charme, nicht wahr?

Notizen ...

172

Eisenteile erhalten mit Essigsäure eine Rostschicht.

Deko & Upcycling

Individuelle Dekoelemente lassen sich hervorragend selbst gestalten. Vor allem den Vintage-Stil oder den Shabby-Look kannst du mit einfachen Handgriffen selbst herstellen. Und dafür brauchst du nicht einmal viel Werkzeug oder gar Maschinen. Ich habe dir hier einige hilfreiche Hacks zusammengestellt, die dir dabei helfen, deine eigenen Dekoträume in die Tat umzusetzen.

HOLZBUCHSTABEN 173

Sei es der Willkommensgruß im Eingangsbereich oder die Namen deiner Kinder an ihrer Zimmertür – Holzbuchstaben sind ein zeitloser Klassiker. Wie gut, dass sie auch ohne viel Aufwand schnell herzustellen sind.

1. Schreibe am Computer deinen Schriftzug und drucke ihn in der entsprechenden Größe und der gewünschten Schriftart aus. Klebe den Ausdruck mit Sprühkleber auf das Werkstück, z. B. ein Sperrholzstück.

2. Säge nun mit der Stichsäge die Buchstaben einzeln aus. Anschließend schleifst du die Kanten mit Schleifpapier ab.

Alternativ kannst du auch mit einer Bandsäge arbeiten.

Fertig sind die Buchstaben, von denen sich das Papier nun ganz leicht abziehen lässt.

3

AUF ALT GEMACHT I 174

Eine Variante, neues Holz auf alt zu trimmen: Lege es in deinen Garten und warte 5 Jahre. Das ist zwar einfach, dauert dann aber doch zu lange. Hier kommen ein paar Alternativen, die schneller gehen.

1. Bringe vor dem Auftragen von Öl oder Wachs Spuren in die Oberfläche des Holzes, z. B. mit …

… einem Hammer.

… einer Eisenkette.

… einer Drahtbürste.

Kurz überschleifen und dann mit Öl oder Wachs behandeln.

2

AUF ALT GEMACHT II

175

Neuem Holz kann auch mit einer Lötlampe ein Antik-Look verpasst werden.

Brenne die Oberfläche in gewünschter Intensität vorsichtig an.

1

Anschließend schleifst du das Holz ab, bis der gewünschte Ton erreicht ist. Am Ende kann die Oberfläche mit Wachs, Klarlack, Schellack etc. versiegelt werden.

So schnell kann ein neues Brett alt aussehen!

SUCHEN UND FINDEN 176

Gehst du ein Projekt mit Recycling-Holz an, z. B. mit Brettern von einer alten Palette, musst du dich zu Beginn oftmals erst ans Zerlegen machen. Die Nägel im alten Holz entdeckst du dabei sehr gut mit einem Leitungsfinder.

Wie du eine Palette zerlegst, erfährst du auf Seite 250.

Am besten schleifst du mit der Hand. Mit einer Schleifmaschine kann es sehr schnell passieren, dass du zu viel Lack abnimmst.

Shabby-Look I 177

Einem lackierten Möbelstück einen tollen Shabby-Look verpassen? Das geht ganz einfach! Du brauchst nur ein Stück Schleifpapier, mit dem du die Ecken und Kanten bearbeitest. So wirken sie wie abgestoßen.

178 Shabby-Look II

Den „kubanischen“ Shabby-Look erzielt man, indem man das Werkstück mit mehren Schichten Lack versieht und dann später einzelne Stellen unterschiedlich stark abschleift. So treten die verschiedenen Lackschichten hervor. Vor allem Hellblau oder Türkis wirkt unter Weiß sehr interessant.

Brett erst Türkis lackieren, dann mit weißem Lack drübergehen. Wenn alles trocken ist, abschleifen.

Mit einem Holzklotz versehen lässt sich mit alten Schleiftellern wunderbar mit der Hand arbeiten.

179

HANDSCHLEIF-PAPIERHALTER

Alte Schleifteller sind irgendwann abgenutzt, doch schmeiße sie nicht weg. Für Handarbeiten eignen sie sich immer noch.

180 Antik-Schrauben

Antik-Schrauben sind das i-Tüpfelchen bei einem Werkstück im Antik-Look. Du bekommst sie im Internet – oder du stellst sie ohne viel Aufwand selbst her.

1 Mit einem Winkelschleifer befreist du die Schraube von der Zinkschicht. Am besten eignet sich eine Schlossschraube mit halbrundem Kopf.

2 Danach bearbeitest du den Kopf mit einem Hammer.

3 Die Schraube mit einer Lötlampe erhitzen, um die Farbe zu verändern. Danach glühend ins Wasser halten, damit die Schraube abkühlt.

4 Und schon ist die Schraube um ein paar Jahrzehnte gealtert.

Du kannst die Schraube auch mit Essigsäure anrosten lassen. Dafür den Schraubenkopf einfach ein paar Minuten in die Säure legen.

Retro- 181 Eisenteile

Eisenteile kannst du mit einem Salz- oder Batteriesäure-Bad auf alt trimmen. Drei Minuten in der Säure lassen, herausnehmen und abspülen. Aber Vorsicht: Die Säure ist ätzend. Vermeide Haut- und Augenkontakt!

Nach dem Säurebad erhitzt du das Eisenteil mit einem Brenner. Abgeschreckt in Öl sieht es nun richtig alt aus!

Einfache Zierleisten bringen tolle Effekte an selbstgebaute Möbel oder Bilderrahmen.

Zierleisten-Upcycling

182

Beim Sägen mit der Tischkreissäge fallen als Abschnitte oft schmale Leisten an. Nicht wegwerfen! Sie eignen sich toll als Zier- oder Blendleisten an anderen Projekten und verschönern oder verdecken den einen oder anderen Makel.

PALETTEN ZERLEGEN 183

Eine alte Palette lässt sich super zerlegen, um aus dem Holz etwas Neues zu bauen. Es gibt verschiedene Methoden, eine Palette auseinanderzunehmen.

1 Brechstange: Hebel die Bretter einzeln mit den Nägeln aus den Trägerbalken heraus. Die Nägel musst du im Anschluss mit dem Hammer herausschlagen.

2 Kreissäge: Schneller geht es mit der Kreissäge. Säge an einer Leiste die Bretter längs zum Trägerbalken ab. Achte darauf, nicht in die Nägel zu sägen! Diese Methode geht zwar schneller, aber die Bretter sind dafür deutlich kürzer.

Achtung: Viele Paletten sind schadstoffbelastet. Schadstofffrei sind Paletten aus der Lebensmittelbranche.

Schneller geht das Bürsten mit Rundbürsten, die in den Akkuschrauber oder die Bohrmaschine eingespannt werden.

184 AUF ALT GEBÜRSTET

Wenn bei einem Holzstück die härteren Jahresringe herausgearbeitet werden, wirkt es gleich viel älter. Dafür wird das Holz einfach mit einer weichen Messingbürste bearbeitet, wodurch die Jahresringe betont werden. Je härter die Bürste, desto stärker der Abnutzungseffekt.

185 AUF ALT GESPRÜHT

Nachdem du ein Stück Holz, wie links beschrieben, bearbeitet hast, kannst du noch einen Schritt weitergehen und das Ganze mit schwarzer Sprühfarbe leicht einsprühen. Danach die Oberfläche per Hand anschleifen und im Anschluss das Holz beizen, ölen, etc. Die schwarze Farbe verbleibt nun in den Vertiefungen und lässt die Jahresringe noch mehr hervortreten.

Bohrlöcher ade 186

Damit du dich nach dem Streichen nicht über alte Bohrlöcher ärgern musst, die unter der neuen Farbe unschön hervorblitzen, solltest du sie vorher füllen. Dafür kannst du einfach etwas Acrylfarbe verwenden. Acryl lässt sich einfach ins Loch drücken und im Anschluss gut überstreichen.

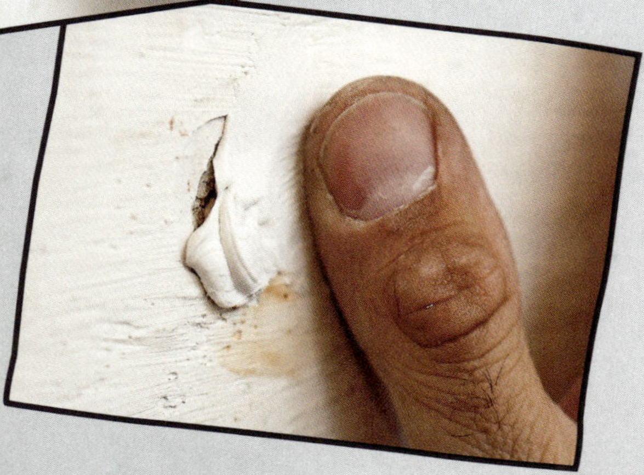

187 Druckstellen

Eingedrückte Stellen in Holzoberflächen lassen sich mit einem Bügeleisen entfernen. Benetze die entsprechende Stelle mit etwas Wasser, z. B. mit einem nassen Leinentuch. Anschließend das heiße Bügeleisen kurz aufdrücken.

DEKO-HIGHLIGHTS 188

Deko-Objekte bekommen ihren ganz großen Auftritt mit einer LED-Hintergrundbeleuchtung. So wird aus einem normalen Deko-Element ein richtiges Wohn-Highlight!

Besonders ausgefallen wird es, wenn du LEDs auswählst, deren Farbe sich verändert.

ANTIKLOOK UNTERSTÜTZEN 189

Um Möbelstücken, die bereits dunkel gebeizt/gefärbt sind, einen zusätzlichen Antik-Look zu geben, kannst du die Ränder mit schwarzer Sprühfarbe leicht ansprühen und anschließend die Beize aufbringen.

Hast du keine Sprühfarbe, kannst du die Ränder auch intensiver mit der Beize bearbeiten. So wird dieser Bereich ebenfalls dunkler.

Aha!

Der Shabby-Look ist ideal für Heimwerkerneulinge, denn grundsätzlich lässt sich hier nicht viel falsch machen. Und wenn doch einmal etwas daneben geht, lässt sich jeder Fehler und jede Unregelmäßigkeit als gewollt darstellen. Kritikern sagst du einfach: „Das muss so!" Das Wichtigste ist, dass du keine Angst vor Fehlern hast und einfach loslegst. Nur mit der Praxis wirst du sicherer und traust dich auch an kompliziertere Projekte heran.

Notizen ...

Reinigen & Organisieren

Lästige Bleistiftmarkierungen auf Holz lassen sich mit etwas Nagellackentferner und einem Leinentuch gut entfernen.

190

Ordnung ist das halbe Leben, vor allem in der Werkstatt. In einer unordentlichen Werkstatt dauern die Arbeiten nicht nur deutlich länger – denn es frisst Zeit, jedes Mal den Zollstock oder das Klebeband zu suchen –, sondern die Unfallgefahr steigt ganz erheblich! Nimm dir also immer wieder die Zeit, die Maschinen ordnungsgemäß abzuschalten bzw. das Werkzeug an seinen angestammten Platz zurückzulegen. Und lies dir die folgenden Hacks durch, denn sie werden dir das (Heimwerker-)Leben leichter machen.

191 Elektrik planen

Man kann eigentlich nie genug Steckdosen haben! Bei der Planung neuer Elektroinstallationen solltest du deswegen den wachsenden Bedarf an Steckdosen unbedingt berücksichtigen. Und denke auch an den Einbau von Netzwerkdosen für den Zugang zum Internet.

192 VERSTECKTE KABEL

Fernseher, Telefon und Co. wechseln nach einer Umräumaktion häufig mal den Platz – und wie ärgerlich ist es dann, wenn an der neuen Stelle keine Steckdose ist und das Kabel durch den halben Raum verlegt werden muss. Plane deswegen bei Neuinstallationen immer Leerrohre ein. In ihnen können Kabel versteckt verlegt werden, ohne dass man viel Aufwand betreiben muss. Um das Kabel später unkompliziert durch das Rohr zu bekommen, solltest du zudem einen Zugdraht mit einlegen.

Der Zugdraht sollte tatsächlich ein Draht sein. Ein Band kann im Laufe der Zeit porös werden und dann, wenn es darauf ankommt, reißen …

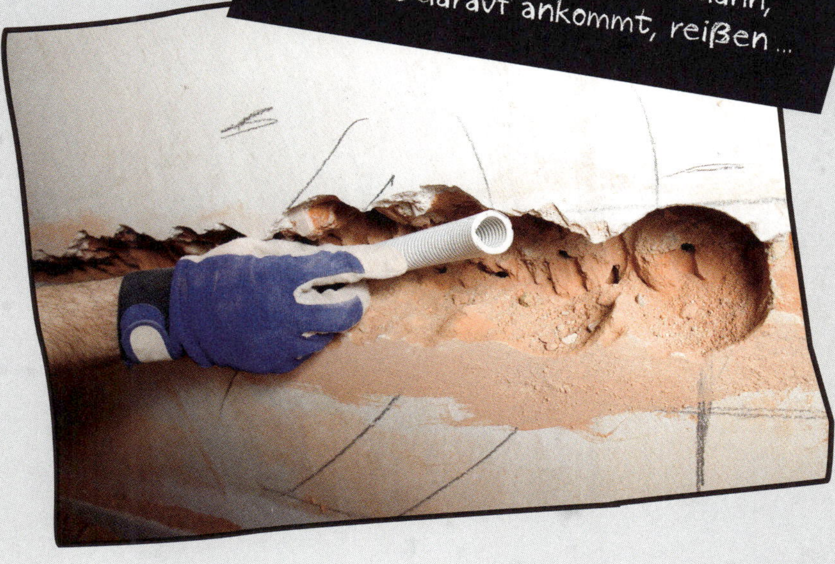

193 ENTROSTEN

Zum Entrosten nimmst du immer die Handbohrmaschine oder den Winkelschleifer? Das geht auch einfacher, und zwar mit der Standbohrmaschine! Du musst nur eine runde Drahtbürste in die Standbohrmaschine einspannen, und schon kannst du damit Werkstücke entrosten oder reinigen.

Halte kurze Werkstücke mit einer Zange fest. Dadurch hast du mehr Haltekraft und Kontrolle über das Werkstück.

194 Sprühöl als Schmutzlöser

Die Arbeitsfläche ist mal wieder dreckig, doch du hast kein Putzmittel zur Hand? Wie praktisch, dass du einen hervorragenden Schmutzlöser immer griffbereit hast: Sprühöl! Mit ihm lassen sich glatte Flächen ohne viel Aufwand reinigen.

Es reicht bereits eine kleine Menge, um mit Sprühöl Streifen oder andere Verunreinigungen zu lösen.

Aufkleberreste entfernen 195

Mit Sprühöl lassen sich zudem wunderbar Aufkleber und Aufkleberreste entfernen. Bei besonders hartnäckigen Rückständen hilft eine vorherige „Wärmeanwendung". Erwärme in einem Abstand von 10–15 cm gleichmäßig für 1–2 Minuten den Aufkleber mit einem Föhn. Danach lässt er sich einfacher abziehen, und den letzten Kleberesten machst du mit Sprühöl den Garaus.

Kein Geknibbel mehr bei Aufkleberresten.

196

Bitumenflecken an Händen entfernen

Bei Arbeiten mit Flüssigbitumen oder bitumenhaltigen Klebern (sogenannten Kaltklebern) kann es schnell passieren, dass deine Haut Bitumenspritzer abbekommt – und diese lassen sich nur schwer entfernen. Abhilfe schafft hier ein Griff in die Kosmetiktasche, denn mit Feuchtigkeitscreme sind die Flecken im Handumdrehen entfernt.

Alternativ kannst du auch zu ein bisschen Butter greifen.

Seite an Seite

197

Klein, aber unglaublich praktisch: Mit einem Minimagnet, den du mit Heißkleber an deinen Akkuschrauber anbringst, bleiben Bits und Schrauben genau dort, wo du sie immer wiederfindest.

Dieser Trick ist auch für deine Werkzeugkiste sinnvoll: Mit Minimagneten fixiert können Kleinteile nicht mehr herumrollen.

Du kannst den Bohrfutterschlüssel auch mit Klebeband am Kabel anbringen.

BOHRFUTTER-SCHLÜSSEL-HALTER I 198

Ein Gegenstand, den man in der Werkstatt häufig verlegt, ist der Bohrfutterschlüssel. Damit dir das nicht mehr passiert, befestige ihn mit einem Gummiband oder einem Stück Draht am Steckerende deiner Bohrmaschine. So hast du ihn immer griffbereit.

Bohrfutter-schlüssel-Halter II

199

Ein anderer Trick, um die Zeit für das Suchen (und hoffentlich Finden) deines Bohrfutterschlüssels möglichst gering zu halten: Versieh den Bohrfutterschlüssel für die Standbohrmaschine mit einem Magneten, den du mit 2-Komponentenkleber an das Gehäuse anbringst.

Entspannte Spannzangen 200

Spannzangen für Oberfräsen fliegen oftmals unkontrolliert in der Werkstatt herum. Wenn du sie aber mit einem Stück Draht am Kabel der Oberfräse befestigst, hast du sie immer griffbereit.

Kleiner Trick, große Wirkung!

Der ideale Platz, denn beim Wechseln der Scheibe muss der Stecker sowieso gezogen werden.

Schlüsselsuche 201

Der meistverlegte Gegenstand im Haushalt ist der Haustürschlüssel. In der Werkstatt könnte es der Schlüssel zum Wechseln deiner Schleifscheiben sein. Die beste Lösung ist auch hier die naheliegende: Befestige den Schlüssel mit Draht am Kabelende deines Winkelschleifers.

202 Verdünner wiederverwenden

Gebrauchten Verdünner brauchst du nach dem Pinselreinigen nicht entsorgen. Bewahre ihn in einem Drahtbügelglas oder einem Glas mit Schraubdeckel auf, und du kannst ihn bei der nächsten Reinigung wieder benutzen.

Wichtig: Beschrifte das Glas, um es nicht mit anderen zu verwechseln.

203 ALTER TRETER

Das Reinigen von Schleifscheiben und -bändern geht kinderleicht mit einem alten Turnschuh. Du musst ihn nur an die drehende Schleifscheibe halten – das Ergebnis siehst du sofort! Wichtig ist, dass der Turnschuh eine Gummisohle hat, und du ihn nicht mehr tragen möchtest …

Zum Säubern eignet sich auch eine gefaltete Plastiktüte oder ein Stück weiches Gummi.

FLEXIBLE HALTERUNG 204

In einer Werkstatt kann es schon mal schnell zum Kabelsalat kommen. Das ist nicht nur nervig, sondern kann auch gefährlich werden. Um das zu vermeiden, reicht ein längerer und fester Draht, der als Haltespange gebogen wird und flexibel an die Decke oder an die Wand gehängt werden kann. Damit kannst du ein Kabel immer leicht einhängen und abnehmen.

Solche praktischen Halterungen kann es in einer Werkstatt nicht genug geben.

205

Steckdosen reinigen

Verstaubte oder verfettete Steckdosen musst du nicht mühsam per Hand reinigen, sondern sie lassen sich wunderbar im normalen Waschprogramm deiner Spülmaschine mitwaschen. Wichtig: Vor dem Abmontieren die Sicherung rausdrehen! Und nur komplett trockene Steckdosen wieder einbauen.

Die Reinigung in der Spülmaschine ist vor allem beim Renovieren und Streichen praktisch, wenn Schalter und Steckdosen sowieso abgeschraubt werden müssen.

Notizen ...

Aha!

Bei nahezu allen Arbeiten in der Werkstatt trage ich Handschuhe: Bei Metallarbeiten sind es leichte, aber schnittfeste Handschuhe, um meine Hände vor scharfen Spänen oder Ölverschmutzungen zu schützen, bei Lackierarbeiten trage ich Einweghandschuhe und bei allen anderen Arbeiten bevorzuge ich gummierte Gewebehandschuhe. So schütze ich nicht nur meine Hände vor Verunreinigungen, sondern auch die Werkstücke. Hast du nämlich vorher mit Metall gearbeitet und fasst anschließend ein gehobeltes Holzstück an, kann es passieren, dass du Ölflecken überträgst. Da ist es einfacher, schnell die Handschuhe abzustreifen. Nur an der Standbohrmaschine oder der Drechselbank sind Handschuhe verboten! Die Gefahr, dass sich die Handschuhe im Bohrer verfangen, ist zu groß.

Notizen ...

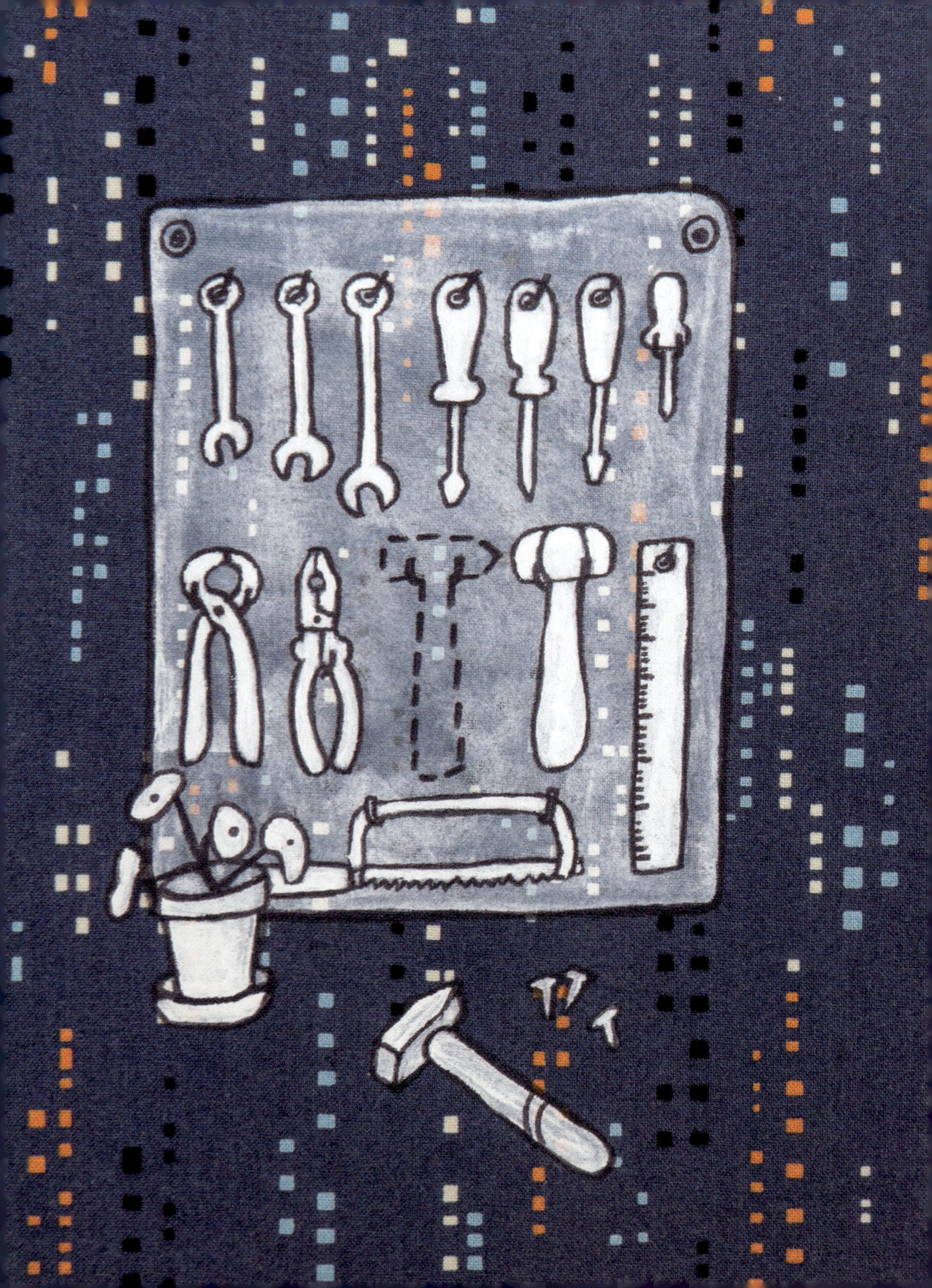

Werkstatt & Arbeitsfläche

Damit jedes Werkzeug seinen festen Platz hat, mit Kreide einen Umriss an die Werkzeugwand malen.

Im Laufe einer Heimwerkerkarriere wächst der Maschinen- und Werkzeugpark stetig an, anders sieht es allerdings mit dem Platz in der Werkstatt aus. Dabei ist die Bewegungsfreiheit beim Heimwerken mindestens genauso wichtig wie das ordentliche Lagern der Werkzeuge. Mache dir also immer mal wieder Gedanken darüber, wie du den Platz in deiner Werkstatt optimal ausnutzen kannst und wann es mal wieder Zeit für ein Umräumen ist. Die folgenden Hacks solltest du dabei unbedingt im Hinterkopf behalten!

207

Mehr Fläche

Hochkant eingespannte Bretter, die mit der Oberfräse bearbeitet werden, lassen sich mit einer Auflagenverbreiterung besser bearbeiten. Spanne dein Werkstück mit zwei Schraubzwingen zwischen zwei Leisten (z. B. zwei Dachlatten) und richte die Oberfläche bündig aus. Jetzt sitzt die Oberfräse auf beiden Leisten und kann nicht mehr kippeln.

208

Schleifunterlage

Um ein Verrutschen von Werkstücken beim Schleifen mit Maschinen zu vermeiden, macht der Einsatz von Antirutschmatten Sinn. Es gibt dafür extra Werkstattmatten, die aber auch ziemlich teuer sind. Die günstige Alternative: eine Antirutschmatte für Teppiche.

Für die Anschaffung einer Antirutschmatte lohnt sich ein Besuch im Teppichladen.

ARBEITSPLATTE komplett AUSWECHSELN

209

Der zentrale Ort einer Werkstatt: der Arbeitstisch. Hier wird montiert, lackiert, geleimt, getackert, geschraubt und gehämmert. Irgendwann sieht man der Arbeitsplatte ihren harten Job durchaus an, und es ist an der Zeit, sie auszuwechseln. Damit dies reibungslos vonstattengeht, solltest du im Vorhinein die Arbeitsplatte auswechselbar machen. Dafür bieten sich zwei günstige Leimholzbretter an, die an den Stirnseiten mit Aluprofilen verbunden werden. Diese Platte legst du dann einfach auf deinen Arbeitstisch.

Kleine Klötze an der Unterseite der Platte verhindern das Verrutschen.

210 Arbeitsplatte TEILWEISE auswechseln

Wenn du nicht deine gesamte Arbeitsplatte auswechseln willst, aber trotzdem eine flexible Unterlage brauchst, kannst du eine dünne Sperrholz- oder hochdichte Faserplatte (HDF-Platte) auf deine normale Arbeitsfläche legen.

Einige Punkte Heißkleber verhindern hier das Verrutschen.

CLEVERE KEILE

211

Um lange Werkstücke zusammenzuleimen, kannst du anstatt Schraubzwingen auch einfache Keile verwenden. Auf der einen Seite schraubst du eine Leiste an den Arbeitstisch, an die du die verleimten Bretter legst. Auf der gegenüberliegenden Seite schraubst du zwei Keile an. Nun kannst du vorsichtig zwischen Brett und festem Keil kleinere Keile einschlagen, die den Druck aufbauen.

Der Vorteil: Die Bretter liegen flach auf dem Arbeitstisch und werden nicht nach oben gedrückt.

212

LEIMHELFER

Verleimungen in einem exakten 90 Grad Winkel sind knifflig? Nicht mit einem Leimhelfer! Dabei handelt es sich um ein ca. 15–25 mm dickes Holzstück aus deinem Restholz-Fundus, das du rechtwinklig zusägst und mit zwei Löchern versiehst. In die Löcher greifen später die Schraubzwingen, mit denen du deine Verleimung fixierst. So triffst du in jedem Fall den rechten Winkel!

Wenn du kein Brett hast, das dick genug ist, kannst du auch zwei schmalere Bretter übereinanderleimen oder -schrauben.

213

SÄGEHILFE FÜR WERKBANK

Aus zwei Leisten und einer Platte aus deinem Restholz-Fundus lässt sich ein einfacher Sägeanschlag herstellen. Er verhindert, dass dein Werkstück beim Zusägen mit der Handsäge verrutscht.

Nimm ein Brett (ca. 40 cm breit, 25 cm tief) und leime oder schraube an die Kante, die von deinem Körper weg zeigt, eine Leiste in der gleichen Länge des Brettes. Dreh das Brett, sodass die Seite mit der Leiste zu dir und nach unten zeigt und montiere die zweite Leiste an die andere lange Kante, die von dir weg zeigt. Diese Leiste muss etwa 5–10 cm kürzer sein als die erste Leiste. Wichtig ist dabei, dass die Schnittkante dieser Leiste absolut gerade ist.

Anwendung: Lege die Sägehilfe nun mit der unteren längeren Leiste an die Tischkante. Zum Sägen legst du die zu sägende Leiste an die kürzere Leiste an und sägst sie ab. Achte darauf, dass du die Stirnseite der Anschlagsleiste als Führung für die Säge nimmst, um einen geraden Schnitt zu erzielen.

Sägeschlitten bauen 214

Ein sehr nützliches Zubehör für eine Tischkreissäge ist ein Schiebeschlitten für Querschnitte. Er sorgt beim Quersägen nicht nur für Genauigkeit, sondern erhöht auch die Arbeitssicherheit, da du eine stabile Führung beim Sägen hast.

Du brauchst eine Sperrholzplatte in der gewünschten Größe (normalerweilse reicht die Größe des Arbeitstisches deiner Tischkreissäge), zwei starke Leisten (z. B. Dachlatten) in der Breite der Platte und eine feinere Leiste, die in die Führungsnut deiner Tischkreissäge passt.

1 Kurbel das Sägeblatt ganz ein und setze dünne Distanzstücke in die Führungsnut, die dafür sorgen, dass die feinere Leiste etwa 1mm höher sitzt als der Arbeitstisch.

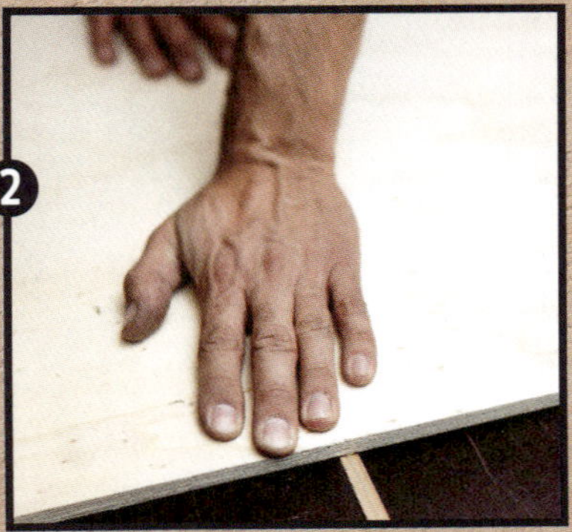

2 Versieh die eingesetzte Leiste nun mit Heißklebe- oder Sekundenkleberpunkten und lege die Sperrholzplatte auf. Die Platte muss nicht perfekt ausgerichtet sein. Orientiere dich am Arbeitstischrand.

3 Wenn der Kleber abgebunden ist, befestige die Leiste mit Schrauben. Bohre dazu von unten durch die Leiste in die Platte und senke von der anderen Seite die Bohrlöcher für die Schrauben. Setze die Schrauben nun von oben ein. Sind die Schrauben zu lang, schleife sie einfach mit dem Winkelschleifer von unten ab. Kürze die Leiste auf die Länge der Platte.

Nun leimst du eine der breiten Leisten an die hintere Kante. Schraube sie von unten mit langen Schrauben zusätzlich fest (Löcher senken!), achte aber darauf, dass die Schrauben nicht in den Bereich des Sägeblattes geraten.

4

5 Schraube die andere Leiste mit einer Schraube und ohne Leim an der ganz rechten oder linken Seite von unten fest. Jetzt kurbelst du das Sägeblatt ca. 1 cm aus und sägst die Platte von vorne bis etwa 3 cm vor der halb angeschraubten Leiste ab.

6 Richte die Leiste mit einem Anschlagwinkel an der Schnittkante bzw. dem Sägeblatt aus und schraube sie mit einer Schraubzwinge von unten mit langen Schrauben fest.

7 Um den Schlitten leichter gleiten zu lassen, behandle die Unterseite und die Führungsleiste mit Wachs. Danach ist er bereit für seinen Einsatz. Die hintere Leiste ist dein Anschlag für die Werkstücke.

215 MINISAUG-ADAPTER

Manchmal ist das normale Rohr des Staubsaugers zu breit, um die engste Stelle oder die hinterste Ecke zu erreichen. Dann braucht dein Staubsauger einen Minisaug-adapter – und zwar aus einem Plastikbecher und einem Strohhalm. Mache ein Loch in den Becher, durch das du den Strohhalm steckst. Den Becher stülpst du nun über das Staubsaugerrohr, sodass das hintere Ende des Strohhalms im Rohr verschwindet.

Fixiere den Strohhalm mit Klebeband, damit er nicht aufgesaugt wird.

216

Türen leichtgängiger machen

Quietschende Schlösser oder Türen können einem schnell auf den Geist gehen. Damit sie dich nicht in den Wahnsinn treiben, und dies auch lange so bleibt, verabreiche ihnen eine Graphit-Anwendung. Hebe die Tür ein wenig an (am besten mit einem Freund) und gib etwas Graphit zwischen die Bänder. So bleiben deine Türen länger gangbar als durch Öl.

Mit Graphit vermeidest du auch hässliche Ölspritzer auf der Tapete.

Bleistift statt Graphit 217

Wenn du kein Graphit zur Hand hast, kannst du die Falle der Tür auch mit einem Bleistift einreiben.

Dieser Hack funktioniert auch mit dem Türschließer.

218 Rotsehen

Bei einem Projekt kann es schon einmal chaotisch zu gehen: Das Restholz landet auf dem Boden und mir nichts, dir nichts geht dein Hilfswerkzeug im Restholzberg unter. Damit Schiebestöcke und Co. nicht mehr verlorengehen, verpasse ihnen einen farbigen Anstrich. So findest du sie jederzeit wieder.

Wähle eine Signalfarbe, damit sich deine Hilfswerkzeuge gut abheben.

219 ALLES AUF EINER HÖHE

In kleinen Werkstätten ist jeder Quadratzentimeter wichtig. Um den vorhandenen Platz möglichst effektiv auszunutzen, solltest du alle Arbeitsflächen und die Arbeitstische deiner Standmaschinen auf eine Höhe bringen.

So lassen sich viel besser längere Werkstücke bearbeiten, weil sie stabil über mehrere Arbeitsflächen hinweg aufliegen können.

220

Einfach und günstig

Wer keine Absauganlage mit großem Anschlussdurchmesser besitzt, kann einige Maschinen (z. B. die Hobelmaschine) nicht an eine Staubabsaugung anschließen. Um von den üblichen 100 mm auf 50 mm, 40 mm oder 35 mm für Staubsaugerschläuche zu kommen, braucht es deswegen Reduktionsstücke. Damit du dir diese nicht für viel Geld kaufen musst, greife auf günstigere Abwasserrohr-Reduzierstücke zurück.

221 Hilfsgewichte für die Werkstatt

Selbst gemachte Betongewichte sind eine große Hilfe für den Heimwerker – sei es zum Beschweren oder als Stütze. In der Größe kannst du nach eigenen Wünschen belieben. Dieses Gewicht ist ca. 20 cm breit, 17 cm tief und 13 cm hoch und wiegt etwa 10 kg (2,4 g pro cm²).

1 Vier Platten (ca. 18 mm stark) à 20 cm x 15 cm (18 mm stark) und eine Platte à 20 cm x 16,4 cm zuschneiden und zu einer Form verschrauben. Am besten eignen sich Siebdruckplatten oder beschichtete Spanplatten. Wichtig: Vorbohren und senken nicht vergessen, damit das Material nicht reißt oder sich spaltet!

2 Die Ecken mit Silikon ausspritzen und mit dem Finger glattziehen.

3 Forme aus Moniereisen mit dem Hammer einen Henkel.

Nun mischst du den Beton an und füllst ihn in die Form. Den Griff steckst du in den Beton. Damit er nicht versinkt, lege eine Leiste dazwischen. Er sollte mindesten 5 cm tief im Beton stecken.

4

5

Halte eine Multisäge oder einen Exzenterschleifer an den Kasten und lasse ihn auf diese Weise vibrieren. So werden die Luftblasen ausgetrieben. Den Beton anschließend nach Herstellerangaben trocknen lassen.

6

Ist der Beton hart, kannst du die Form entfernen. Mit Schleifpapier beseitigst du die Unebenheiten. Fertig ist dein Hilfsgewicht!

222 Last but not least

Was viele nicht wissen: Um die Klingenstücke eines Cuttermessers abzubrechen, besitzt die hintere Schutzkappe des Cuttermessers einen Schlitz.

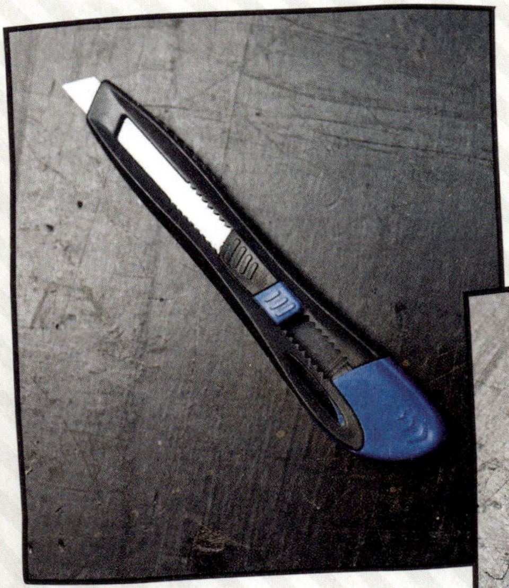

Notizen ...

Aha!

Vor allem bei einer kleinen Werkstatt musst du dir sehr genau überlegen, wo deine Maschinen stehen. Stationäre Maschinen, wie z. B. eine Standbohrmaschine oder eine Kap- und Gehrungssäge, kannst du hervorragend auf rollbaren Schränkchen montieren und so immer wegschieben, wenn sie im Weg stehen. Doppelschleifmaschinen oder einen großen Schraubstock kannst du auf stabile Holzbretter montieren, die mit Flügelmuttern und langen Schrauben auf der Arbeitsplatte angeschraubt und jederzeit abgenommen werden können. Auf diese Weise kannst du den wertvollen Platz flexibel nutzen.

Notizen ...

Checkliste

für deine Heimwerker-Grundausstattung

Werkzeuge

- ☐ Satz Schraubendreher (3 x Kreuz, 3 x Schlitz)
- ☐ Wasserpumpenzange
- ☐ Kombizange
- ☐ Schlosserhammer (250 g bis 400 g)
- ☐ Bügelsäge mit austauschbaren Sägeblättern (für Metall und für Holz)
- ☐ Zollstock und/oder Maßband
- ☐ Bleistift
- ☐ Cuttermesser
- ☐ Heißklebepistole
- ☐ Wasserwaage
- ☐ Spachtel (die Ecken mit Schleifpapier etwas abrunden)

Wenn du dein Werkzeug eher selten benutzt, reicht die günstige Variante. Solltest du aber häufiger herumwerkeln, gib lieber zwei oder drei Euro mehr aus, es lohnt sich!

Verbrauchsmaterialien

- ☐ Isolierklebeband
- ☐ Universaldübel (6er, 8er)
- ☐ Nägel (z. B. 2,5 mm Drahtstifte)
- ☐ Universalschrauben (z. B. 5 x 50 mm Kreuzschlitz)
- ☐ Haken zum Schrauben
- ☐ Schleifpapierbögen (Körnung 80, 120)
- ☐ Elektrikergips
- ☐ Holzleim
- ☐ Heißklebestifte

Maschinen

- ☐ Akkuschrauber
- ☐ Stichsäge
- ☐ Schlagbohrmaschine
- ☐ Exzenter- oder Multischleifer
- ☐ Einhandwinkelschleifer

Mit einem Akkuschrauber und einer Stichsäge lassen sich schon die meisten Projekte realisieren!

Sicherheitsmaßnahmen beim Arbeiten mit Maschinen

- ☐ keine weite Kleidung tragen (wie z. B. weite Ärmel, Schals, lange Halsketten, Armbänder, etc.)
- ☐ Schutzbrille tragen beim …
  … Trennschleifen mit Winkelschleifer
  … Bohren
  … Sägen mit der Maschine (z. B. Stichsäge)
- ☐ Gehörschutz tragen beim …
  … Trennschleifen mit Winkelschleifer
  … Schleifen
  … Schlagbohren
  … Sägen mit der Maschine (z. B. Handkreissäge)
- ☐ immer festes Schuhwerk tragen
- ☐ Handschuhe tragen bei …
  … Metallarbeiten
  … Arbeiten mit sägerauem Holz
  (z. B. Dachlatten)

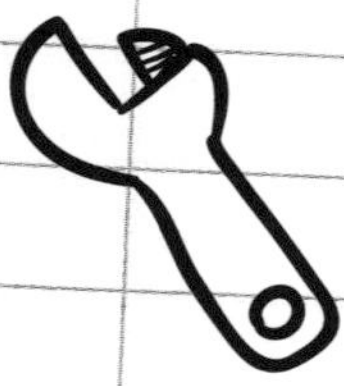

Wichtige Schutzausrüstungen

- ☐ Schutzbrille
- ☐ Gehörschutz
- ☐ enganliegende Handschuhe

In meiner Werkstatt habe ich immer mehrere Schutzbrillen und Gehörschutz liegen. Dadurch habe ich sie stets griffbereit und komme nicht auf die Idee, ohne Schutzausrüstung zu arbeiten.

Gib ruhig ein bisschen mehr für eine Schutzbrille aus. Ist sie von guter Qualität und deswegen angenehm zu tragen, brauchst du sie zwischen den Arbeitsschritten nicht abzunehmen.

REGISTER

REGISTER

Notizen ...

DÜRFEN WIR VORSTELLEN? WIR SIND TOPP!

Uns, unsere Autoren, Bücher, Sets und viele, viele Bastelideen gibt's nicht nur auf Events und in Buchhandlungen, sondern natürlich auch online:

www.TOPP-KREATIV.de

www.TOPP-KREATIV.de/Newsletter

www.Facebook.com/Frechverlag

www.YouTube.com/Frechverlag

www.Instagram.de/Frechverlag

www.Pinterest.de/Frechverlag

Buchempfehlungen für Sie

ISBN 978-3-7724-7514-6

ISBN 978-3-7724-7693-8

ISBN 978-3-7724-7623-5

ISBN 978-3-7724-6455-3

ISBN 978-3-7724-7468-2

ISBN 978-3-7724-7716-4

ISBN 978-3-7724-7784-3

ISBN 978-3-7724-7793-5

ISBN 978-3-7724-7754-6

ISBN 978-3-7724-7726-3

ISBN 978-3-7724-7596-2

Kreativ-Bücher finden Sie auf www.TOPP-kreativ.de

Preiswert, praktisch, einfach hacktastisch

der Lifehack-Klassiker im Pocket-Format!

ISBN 978-3-7724-7921-2

ISBN 978-3-7724-7922-9

ISBN 978-3-7724-7923-6

ISBN 978-3-7724-7924-3

ISBN 978-3-7724-7925-0

ISBN 978-3-7724-7926-7

Impressum

Fotos: frechverlag GmbH, 70499 Stuttgart; S. 265: # 78420139 VRD, www.fotolia.de;
Fotostudio lichtpunkt, Michael Ruder, Stuttgart (alle übrigen); Schild Skizze: Shutterstock 387389293
Kapitel-Aufmacherseiten: Rosenrot – Charlotte Müller und Christine Gerlach, Berlin
Strichzeichnungen: Pfeile, Daumen, Glühbirne, Ausrufezeichen, Smiley: Katrin Lemmer;
Handwerker-Utensilien: Designed by Freepik
Produktmanagement und Lektorat: Janina Vogel
Herstellung: Heike Köhl
Satz: FSM Premedia GmbH & Co. KG, Münster
Druck und Bindung: GPS Group GmbH, Österreich

4. Auflage 2019

ISBN 978-3-7724-7826-0 · Best.-Nr. 7826